COMMENT INVESTIR DANS L'IMMOBILIER

Guide pratique pour investir sur le marché immobilier pas à pas en Thaïlande

PATRICK SPINOGATTI

© Copyright 2023 par Patrick Spinogatti - Tous droits réservés.

Le livre suivant est ci-dessous avec l'objectif de donner des informations le plus précises et fiables possible.

Indépendamment de cela, l'achat de ce livre peut être interprété comme le consentement au fait que l'éditeur et l'auteur de ce livre ne sont en aucun cas experts sur les sujets traités, et que les éventuelles recommandations ou suggestions qu'il y a ici ont une fin de divertissement seulement. On devrait consulter des professionnels, s'il est nécessaire, avant d'entreprendre toute action approuvée dans le document suivant.

Également, la transmission, la duplication ou la reproduction de l'une des œuvres suivantes avec ses précises informations, sera considérée comme un acte illégal, indépendamment du fait qu'elle est reproduite électroniquement ou dans la copie.

Ceci s'applique aussi à la création d'une copie secondaire ou tertiaire de l'œuvre ou d'une copie enregistrée, et cela est permis seulement avec l'autorisation écrite expresse de l'éditeur. Tous droits supplémentaires réservés.

Les informations dans les pages suivantes sont généralement considérées comme un compte-rendu honnête et précise des faits, et comme tels, toute négligence, utilisation ou utilisation abusive des informations en question par le lecteur rendra toute action résultante exclusivement sous leur compétence. Il n'y a pas de possibilité ou l'éditeur ou l'auteur d'origine de cette œuvre peuvent être considérés en aucun cas responsables d'éventuelles difficultés ou dommages qui peuvent se produire après avoir lu les informations décrites ici.

En outre, les informations contenues dans les pages suivantes sont afin d'information et donc elles devraient être considérées universelles.

Sommaire

BIOGRAPHIE

CHAPITRE 1 APERÇU GÉNÉRAL DE LA THAÏLANDE

CHAPITRE 2 PERSPECTIVES DU MARCHÉ IMMOBILIER

CHAPITRE 3 ANALYSE DE MARCHÉ

CHAPITRE 4: LES TITRES DE PROPRIÉTÉ EN THAÏLANDE

CHAPITRE 5: L'HÉRITAGE EN THAÏLANDE

CHAPITRE 6: ACHAT D'APPARTEMENTS RÉSIDENTIELS

CHAPITRE 7 : USUFRUIT - SUPERFICIE - LOCATION - ESCLAVAGE

Conclusion

BIOGRAPHIE

Je m'appelle Patrick Spinogatti, fondateur de la SP ASIA RE LTD et agent immobilier sur l'île de Phuket en Thaïlande.

Ce livre a pour objectif de donner des informations sur le marché immobilier thaïlandais comme guide technique qui permettra de se familiariser avec les aspects d'investissements financiers et immobiliers, droits d'achats et les réglementations en vigueur dans le pays.

À travers les chapitres, différents sujets seront abordés comme le droit à la propriété, les documents officiels, la succession, les revenus garantis d'une location et bien d'autres aspects du marché.

Vous trouverez une multitude d'informations sur le marché immobilier local pour donner les clés d'un investissement durable et rentable et éviter les pièges tendus pour les non-initiés.

Durant ma longue carrière, j'ai vendu plusieurs types de logements comme des villas, maisons, appartements et aider de nombreuses personnes à acquérir un bien en toute sécurité.

La décision de se lancer dans un investissement en Thaïlande est toujours hésitante et ce livre a pour but de vous fixer les règles obligatoires à connaître avant de se lancer. Néanmoins le marché local est très prospère et vous permettra d'engranger des bénéfices intéressants et profiter de votre logement.

Que diriez-vous de profiter d'un logement à rendement annuel laissé en gestion et de bénéficier de votre logement pour vos vacances ?

La règle qu'un étranger ne peut pas acheter en Thaïlande est facilement contournable et l'accompagnement d'un agent professionnel et un avocat est fortement conseillé.

Ce livre est destiné à chaque personne souhaitant connaître ou investir dans l'immobilier en Thaïlande et espère vous donner les conseils utiles à votre projet.

MON PARCOURS

Mon parcours professionnel a commencé en Belgique en 1993 dans la vente de domaine des Télécoms. J'ai évolué dans différents postes comme délégué commercial, responsable d'équipe et dirigeant de groupe.

Au cours de vacances en 2006 en Thaïlande, j'ai tout de suite adoré le pays et leurs traditions et entrepreneur dans l'âme, j'ai rapidement cherché à faire des affaires et les opportunités sont nombreuses.

Originaire de Belgique, naturellement je me suis lancé dans l'importation de bières belges, marché porteur et méconnu à l'époque.

Pendant 5 ans, mon entreprise s'est bien développée et j'ai revendu l'activité en 2012 pour me tourner vers l'immobilier à rendement passif notamment.

C'est en 2013 que je décide de créer mon agence immobilière SP ASIA RE LTD sur l'île de Phuket. Rapidement les promoteurs immobiliers sont nombreux et les biens à rendement deviennent une priorité.

Pendant les années qui ont suivis, j'ai approfondi la règlementation thaïlandaise en matière de droits à la propriété avec des avocats locaux pour m'assurer que les investisseurs me donnent leur confiance.

Parallèlement, en Belgique, je suis fondateur de la société Linkify active dans le domaine IT.

Actuellement propriétaire de la société SP ASIA RE LTD basée à Phuket, nous proposons un accompagnement de A à Z de votre projet.

www.spasiare.com

CHAPITRE 1
APERÇU GÉNÉRAL DE LA THAÏLANDE

Commençons tout d'abord par donner un aperçu général de la Thaïlande.

La Thaïlande a reçu le titre d'une des plus grandes économies de l'Asie du Sud après l'Indonésie. Le pays est situé dans une position stratégique et riche en ressources naturelles, comme par exemple : gisements d'étain, tungstène, plomb, tantale, caoutchouc naturel, produits aquatiques, bois, gaz naturel, etc. Le royaume d'Arabie saoudite est considéré un pays nouvellement industrialisé capable d'atteindre un vigoureux développement économique en quelques années.

La Thaïlande se trouve au centre de l'Asie du Sud-Est, et la région comprend le Brunei, le Cambodge, le Timor-Oriental, l'Indonésie, le Laos, la Malaisie, le Myanmar, les Philippines, Singapour et le Vietnam, avec un bassin de 671 millions d'habitants (données mises à jour pour 2020).

À raison de son statut, le royaume est vu comme un important hub logistique dans la région et depuis 1976 il a enregistré un taux de croissance moyenne du PIB de 1,8%, et le taux de croissance moyenne de la région de l'ANASE ces dernières 50 années (Association des nations de l'Asie du Sud-Est) s'était du 1,5%.

LE NOM

Le nom "Thaïlande" a été adopté en 1939 après le passage de la monarchie absolue à la monarchie constitutionnelle, mais la population a été toujours identifiée avec le nom de "Thaï" qui signifie "libre". Le nom "Siam", prononcé "Sayam" se réfère à la location géographique du pays et il est encore utilisé surtout pour les titres royaux.

L'HISTOIRE

L'époque proprement dite de l'histoire de la Thaïlande, connue comme "L'ère Rattanakosin", a commencée le 6 avril 1782 avec l'accession au trône du Roi Rama I, fondateur de la dynastie "Chakri", dans l'actuelle capitale Bangkok. Originairement Bangkok n'était qu'un village, en effet le "Village des olives" est la signification du nom de la ville. Plus tard, le nom a été modifié de

Bangkok en "Rattanasokin", qui signifie "Ville majestueuse du dieu Indra". Plus tard encore des autres nommés ont été ajoutés à "Rattanasokin" ainsi qu'aujourd'hui les thaïlandaises appellent la capitale "Krung Thep" qui représente la première partie du nom entier qui veut dire "Ville des anges". Toutefois, parmi les étrangers la ville continue à être appelée avec son nom original, c'est-à-dire Bangkok.

LE CALENDRIER THAÏ

Les modalités actuelles utilisent l'Ère Bouddhiste qui est 543 ans plus avancée dans le temps que l'Ère Chrétienne. Par exemple, si selon le système Bouddhiste aujourd'hui on est à l'année 2565, pour le calendrier Chrétien on est à l'année 2022. Avant le 1er avril 1889 la Thaïlande avait un calendrier lunaire de 12 ou 13 mois (selon la synchronisation du calendrier lunaire avec le cycle solaire), dont chacun avec 29 ou 30 jours et qui commençaient avec la nouvelle lune de façon très similaire au calendrier juif. Le calendrier solaire avec 12 mois et 7 jours par semaine correspond exactement au calendrier Grégorien, qu'on a commencé à adopter le 1er avril 1889, à la seule différence que l'année commençait en avril. Le 1er janvier 1941 le calendrier a été modifié afin de porter officiellement le début de l'année au premier janvier. Tous les documents officiels thaïlandais, tant publics que privés, sont toutefois datés avec le système de L'Ère Bouddhiste.

SÉJOUR ET IDENTITÉ

Tous les citoyens thaïlandais résidents en Thaïlande et les étrangers qui sont détenteurs d'un Permis de Résidence Permanente (à ne pas confondre avec la "Résidence pour affaires" ou le Visa "Non-immigrant") ont leur nom enregistré sur son propre "Certificat d'Enregistrement des Résidents". Les citoyens thaïlandais qui ont entre 15 et 70 ans ont aussi une "Carte d'Identification" (carte d'identité). Naturellement le Certificat d'enregistrement de résidence est utilisé par les citoyens dans la mise en œuvre des différents actes officiels. Les étrangers, au contraire, utilisent seulement leur Passeport.

LA LANGUE THAI

La langue officielle du pays est le Thaï, mais il y a aussi d'autres dialectes régionaux. Le Thaï est une langue tonale avec un alphabet phonétique qui englobe 44 consonnes et 32 voyelles. Deux consonnes sont obsolètes et beaucoup de voyelles sont composées par 2 ou plus caractères, ainsi que sur le clavier il y a un total de 57 caractères plus des autres marques comme les tonalités et les ponctuations. Les occidentaux ont généralement des difficultés en lisant des expressions en langue thaï qui sont traduites en caractère Romain. Les syllabes qui terminent par "R" et "L" dans les langues thaïes sont prononcées "N" ; "Ubol" par exemple, on le prononce "Ubon". Les syllabes qui terminent par "D, J, CH ou S" dans la langue thaï on le prononce avec la lettre "T" ; par exemple, "Viros" on le prononce "Virot". Dans la plupart des cas, on ne peut pas prononcer deux consonnes comme un groupe, ainsi que quand deux consonnes se trouvent côte à côte, dans le langage parlé on tend à introduire la voyelle "a" ou la voyelle "o". Par exemple, le nom écrit "Swas" est prononcé "Sawat", et "Khnm" on le prononce "Khanom". Afin de préserver l'orthographe originale du langage écrit, des lettres d'un mot ne sont pas prononcées dans le langage parlé. Habituellement, une marque apparaît au-dessus de ces lettres pour indiquer qu'il s'agit de lettres muettes. Pour ceux qui ne parlent pas cette langue, un des aspects les plus compliqués est le ton. Chaque syllabe de chaque mot a un ton différent. Les tons se divisent en "level, low, falling, high et rising". Le ton est l'élément essentiel du mot car la prononciation des lettres ou un changement de ton peuvent avoir un énorme effet sur celle-ci. Le mot "klaï", par exemple, signifie "proche" dans le ton "falling" et "loin" si le ton est "level".

LE LANGAGE PROFESSIONNEL

Les affaires internationales en Thaïlande se déroulent principalement en anglais. La majorité des contrats et des documentations, en effet, sont rédigés en anglais. Bien que les documentations et les relations avec les organes de service se déroulent en thaï, les services qui ont a voire avec les étrangers, comme par exemple le "Board of Investment", la "Section de Police de l'Immigration" et le "Département de l'Emploi" (section des Permis de Travail) acceptent les documentations en anglais. Les contrats rédigés en une langue différente du thaï et de l'anglais sont légaux sauf certains cas particuliers ou la traduction est nécessaire. Les centres de traduction sont très diffusés.

LA RELIGION

La religion d'État est le Bouddhisme mais il y a aussi une complète liberté religieuse. Le Roi, qui est Bouddhiste comme l'exige la Constitution, est le protecteur de toutes les religions. Environ 95% de la population est Bouddhiste. La deuxième religion professée est la religion Musulmane avec un pourcentage qui correspond au 4% de la population, présente surtout à l'extrême sud du pays. La religion Chrétienne est représentée par près l'1% de la population mais ses organisations dirigent beaucoup de structures hospitalières et plusieurs écoles. La communauté juive se rassemble dans les synagogues qu'il y a à Bangkok et Chiang Mai.

LA MONNAIE

L'unité monétaire est le "baht" qui est divisé en cent Satang. Parfois quelqu'un peut remarquer des références avec l'appellation de "Ticals" qui est la façon dont les étrangers appelaient le baht. Le baht, dont le nom a été toujours utilisé par les thaïs, était originairement une monnaie contenant environ 15,2444 grammes d'argent. Selon les premiers taux de change officiels, 5 bahts d'argent valaient 3 "Eight-Real" mexicains, c'est-à-dire environ 60-62 cents US. Avec l'introduction massive du papier-monnaie et à cause d'autres problèmes liés à la Seconde Guerre mondiale, le baht vaut approximativement 2,5 cents US. Le fait intéressant est que la monnaie est encore utilisée comme unité de poids d'argent et d'or et elle pèse encore 15.244 grammes.

Les pièces en circulation sont les suivantes :

➤ 25 satang – laiton

➤ 50 satang – laiton

➤ 1 baht – nickel

➤ 2 baht – nickel

➤ 5 baht – cuivre et nickel

➤ 10 baht – nickel avec du laiton au cent

Les billets en circulation sont les suivants:

➤ 20 baht (vert)

➤ 50 baht (bleu)

➤ 100 baht (rouge)

➤ 500 baht (violet)

➤ 1,000 baht (gris)

LES ÉCOLES INTERNATIONALES

À Bangkok et dans les grands centres urbains du pays il y a des écoles Américaines, Anglaises, Françaises, Japonaises et des autres écoles internationales privées pour les expatriés. Les nouvelles réglementations relatives permettent l'ouverture de nouvelles écoles internationales et la possibilité aux citoyens thaï d'y accéder aussi.

LE SYSTÈME JURIDIQUE

Le premier acte système juridique documenté thaïlandais remonte à l'époque de Sukhothai (1238-1350) et se composait d'une inscription en pierre qui décrivait comment un citoyen qui avait des plaintes pouvait sonner à la cloche du Roi pour résoudre un problème ou un litige. Les autres preuves écrites concernant le système juridique ont été détruites en 1767, pendant l'invasion de l'ancienne capitale Ayuthaya. Sous la dynastie actuelle, de nouveaux codes ont été réécrits et promulgués qui ont abouti à l'entrée en vigueur de l'actuel Code Civil et Commercial de 1933 et du Code de Procédure Civile de 1935.

DISPOSITION DE L'ÉTAT

Le régime actuel thaïlandais est une monarchie constitutionnelle et l'actuel chef de l'État est le roi Vajiralongkorn (Rama X). Bien que la monarchie ait des pouvoirs formels limités, elle a une influence significative sur les systèmes politiques, militaires et juridiques en Thaïlande.

L'article 3 de la constitution, promulgué pour la première fois en 2017, dit que la souveraineté appartient au peuple thaïlandais et que le roi le roi exerce ce pouvoir en tant que chef d'État par l'Assemblée nationale, le Conseil des ministres et les tribunaux, conformément aux dispositions de la Constitution thaïlandaise. De 2007, la constitution thaïlandaise est structurée autour de l'Assemblée nationale, présidée par le Premier ministre et composée d'un Sénat et d'une Chambre des représentants.

La Chambre des représentants (la chambre basse de l'Assemblée Nationale) est composée par 500 membres, dont 350 élus par une seule personne pour un mandat de quatre ans de 150 membres politiques des partis politiques. Le Sénat (la chambre haute de l'Assemblée nationale) est composé par 250 membres qui peuvent ne pas appartenir à des partis politiques. Selon la constitution, les membres sont sélectionnés sur la base de leur statut social, de leurs habiletés et connaissances. En 2019, tous les 250 membres ont été nommés par l'armée pour un mandat de cinq ans.

Le Premier ministre est élu par un vote conjoint de la Chambre des représentants et du Sénat pour un mandat de quatre ans. Sur la base de la constitution, le Premier ministre ne peut servir que deux fois.

LE CADRE ÉCONOMIQUE

Globalement, la propagation du coronavirus (Covid-19) a eu un impact sérieux sur toutes les économies du monde de manière symétrique et simultanée, tant du côté de l'offre que du côté de la demande. En 209, l'économie thaïlandaise a augmenté de 2,2% et, en 2020, elle devrait se contracter brusquement de 6,087% en raison des conditions causées par la pandémie. En 2019, l'inflation a été de 0,8%, contrastant fortement avec le taux d'inflation de l'année précédente (-0,7%) [données de la Banque mondiale].

Ce fort impact a causé pour la Thaïlande un ralentissement des activités d'importation et d'exportation, qui ont chuté de 7,94% en août 2020, soit une perte totale de 20,21 milliards de dollars[2].

Malgré ces résultats, les exportations de plus de 60% du PIB ont été sauvées par l'enregistrement de petites exportations de produits agricoles (et de conservés alimentaires) et produits d'hygiène (ex. des gants en nitrile, alcool désinfectant, etc.).

En termes d'infrastructures et projets nouveaux, la loi sur les procédures budgétaires a allongé les délais de financement et enregistré une baisse des investissements des secteurs public et privé.

Les principaux produits importés sont : moteurs électriques, combustibles fossiles (le pétrole aussi), machines (y compris les ordinateurs), métaux précieux, pierres précieuses et fer.

Les principaux produits d'exportation sont : machines (ordinateurs aussi), moteurs, appareils, voitures, caoutchouc et matériaux en caoutchouc, et plastique.

LA POPULATION

La population totale est de 69.871.289. Les régions urbaines les plus peuplées sont Bangkok, avec approximativement 10.539.415 personnes, Chiang Mai, Khon Kaen, Phuket, Pattaya, Chiang Rai et Udon Thani. L'espérance de vie est d'environ 72 ans pour les hommes et 79 ans pour les femmes, tandis que l'âge moyen est de 38,1 ans. La main-d'œuvre est d'environ 38,42 millions, avec un âge moyen de 35 ans, et approximativement 800.000 personnes commencent à faire partie de cette catégorie chaque année. On garantit certaines normes de travail, telles que la liquidation et le paiement des heures supplémentaires. Le salaire minimum actuel est de 308 bahts par jour.

LE CLIMAT

Le climat de la Thaïlande se caractérise par une mousson tropicale, généralement chaude et humide pendant la majeure partie de l'année. Les saisons sont divisées en trois types : estivale, sèche et pluvieuse. Les mois les plus froids vont de novembre à février, tandis que les mois les plus chauds vont de mars à mai. Les précipitations se concentrent principalement dans la saison des pluies entre mai et octobre. La température moyenne du pays est comprise entre 26 et 31 degrés (Celsius) et il y a environ 4500 heures de soleil par an.

LA SANTÉ

La Thaïlande est internationalement reconnue comme l'un des meilleurs systèmes de santé en Asie du Sud-Est. Les installations privées et gouvernementales sont en mesure d'assister les visiteurs dans toute urgence médicale. Généralement, les docteurs sont bien formés, ainsi que les infirmières dans les hôpitaux et les cliniques. Les pharmacies sont largement distribuées et ont une grande variété.

ASPECTS CULTURELS

La culture thaïlandaise est basée sur la philosophie bouddhiste et sur les principes religieux, et même si l'hindouisme est une minorité, il est représenté dans les arts, la littérature et les mœurs du pays.

"Wai", le salut d'un thaïlandais qui implique de porter les mains à la poitrine et de baisser légèrement la tête, comme une forme respectueuse de salut et de remerciement solennel ou social. Habituellement, les Thaïlandais ne se serrent pas la main, parce qu'il n'est pas parti de leur culture d'avoir des contacts physiques en public. À cet égard, on ne recommande pas de faire les actions suivantes :

- toucher la tête de quelqu'un (considéré comme une partie sacrée du corps) ;

- Indiquer des personnes ou des choses avec les doigts ou les pieds (considéré comme irrespectueux) ;

- Incliner la tête et interrompre la conversation entre deux ou plusieurs personnes (il est considéré irrespectueux) ;

- Traiter les personnes âgées et les moines avec respect (autrement il est vu comme un manque de respect) ;

- Faire un commentaire sur la famille royale (considéré une trahison)

LE DRAPEAU ET L'HYMNE NATIONAL

Le drapeau officiel a été introduit par le roi Vajirawud (Rama VI) en 1917, en remplaçant le drapeau précédent qui représentait un éléphant sur un fond rouge.

Le drapeau actuel est composé de cinq lignes horizontales en rouge, blanc et bleu. Tous les jours une cérémonie solennelle a lieu dans chaque ville et dans chaque village : le drapeau est hissé à 8 heures et abaissé à 18 heures, accompagné des notes de l'hymne national. Si on participe à ce rituel, il vaut mieux avoir du respect et rester silencieux.

FESTIVITÉS

Être une monarchie n'a pas seulement à voir avec le Bouddhisme, mais surtout avec les différentes traditions et célébrations concernant la famille royale. En effet, on célèbre l'anniversaire du monarque comme s'il soit une véritable fête, comme et on pense à lui en lui attribuant l'image de la mère et du père. De 2017, anniversaire de la mort du Roi, également connu sous le nom de Rama IX, et anniversaire de la mort du roi Chulalongkorn, connu sous le nom de Rama V.

L'INDUSTRIE

Productions principales :

Industrie primaire : la production agricole a toujours été le pilier de l'économie, et le gouvernement a investi continuellement sur ça, en particulier avec un programme de soutien appelé "Agriculture intelligente" afin d'augmenter la classe salariale des agriculteurs de la classe moyenne inférieure et d'augmenter la productivité et les exportations.

Industrie secondaire : la tendance générale de l'industrie manufacturière en 2019 est positive, avec un taux de croissance moyen d'environ 0,5% par rapport à 2018.

Industrie tertiaire : ces dernières années, la demande de transport aérien en Thaïlande a augmenté très rapidement, ce qui a également bénéficié de la croissance du tourisme national et international. Cependant, en raison de la pandémie, le secteur a été durement touché par le blocage des entrées dans le Pays, et par les mesures urgentes pour contenir le virus avec les complications découlant des documents de voyage. Les gouvernements interviennent en fournissant des conventions et en soutenant la demande intérieure comme amortisseurs immédiats pour faire face au problème.

INFRASTRUCTURES

Transports

La Thaïlande doit améliorer ses infrastructures pour suivre la concurrence régionale, augmenter son potentiel de croissance et s'efforcer d'échapper au piège du revenu moyen qu'on a découvert grâce à un plan pluriannuel de développement des infrastructures et des transports. Le gouvernement thaïlandais a lancé un programme d'investissement pour promouvoir des projets visant à développer l'ensemble du système d'infrastructures du pays, en particulier le secteur des transports. Cet énorme plan d'investissement (2017-2022) de 70 milliards d'euros est sans doute un des plus importants de ces 25 dernières années.

On va utiliser l'argent pour la construction et le renforcement de chemins de fer, routes, ports, aéroports et généralement les bâtiments. Afin de maximiser sa position stratégique au cœur de la Communauté économique de l'ANASE (AEC), la Thaïlande investira environ 48 milliards d'euros dans son plan de développement des infrastructures et des transports 2015-2022. Les projets d'infrastructure principaux comprennent :

i. Le développement du réseau ferroviaire interne ;

ii. Développer un réseau transports publics pour résoudre les problèmes liés à la circulation à Bangkok et dans ses quartiers

iii. Le développement des réseaux de transport maritime;

iv. Accroître la capacité de transports aériens ;

La Thaïlande est la troisième parmi les pays de l'ANASE en matière de qualité globale des infrastructures. Toutefois, son avantage comparatif s'érode au fur et à mesure que les autres pays rattrapent rapidement leur retard. Le maillon le plus faible de la Thaïlande est le secteur ferroviaire, tandis que la couverture électrique et la connectivité aérienne sont relativement fortes. Dans ce contexte, à ce moment, les autorités donnent la priorité aux projets d'infrastructures de transport, qui représentent 13 % du PIB. Ceux-ci comprennent, à court terme, des améliorations du réseau autoroutier de Bangkok et des projets de transport en commun plus rapides, et, à moyen terme, des projets ferroviaires interurbains plus complexes, qui nécessitent donc des délais de livraison plus longs. Les financements comprennent des fonds publics (5%), des prêts d'État garantis par le gouvernement (75%) et des investissements privés (20%).

PORTS MARITIMES

La Thaïlande est caractérisée par la présence de 3219 kilomètres de côte et plus de 4000 kilomètres de cours d'eau. Les ports principaux sont situés à Bangkok, Laem

Chabang, Matap, Ranong, Phuket, Songkhla, Sattahip et Sriracha.

Le développement et la gestion de tous les principaux grands ports de la Thaïlande est la responsabilité de l'Autorité portuaire de Thaïlande (APT). D'autres ports, dont deux plus petits, sont gérés par le Seaports Autorité. Actuellement 8 grands ports internationaux sont opérationnels, dont 4 de propriété privée pour gérer le chargement des conteneurs.

LA COOPÉRATION INTERNATIONALE

L'Autorité portuaire de la Thaïlande (APT) continue à collaborer avec diverses organisations internationales pour améliorer ses activités et répondre aux standards internationaux à travers l'échange d'informations et la formation.

Actuellement, l'ATP fait partie de beaucoup d'organisations internationales : International Association of Ports and Harbors (IAPH), ASEAN Ports Association (APA), International Association of Lighthouse Authorities (IALA), International Navigation Association (PIANC), etc.

LES AÉROPORTS

Airports of Thaïlande (AOT) est une société publique sous la supervision du Ministère des transports. La Thaïlande a 38 aéroports, dont 7 sont internationaux : Bangkok, Samut Prakan, Chiang Mai, Chiang Rai, Phuket, Hat Yai e Pattaya (ce dernier est administré par le Royal Thai Navy).

En outre, les vols internationaux sont disponibles pour toutes les parties de la Thaïlande avec Thai Airways International et des autres nombreuses compagnies aériennes à bas prix.

AÉROPORTS INTERNATIONAUX

Les aéroports internationaux en Thaïlande comprennent Suvarnabhumi Airport, Don Mueang International Airport, Chiang Mai, Hat Yai, Phuket et l'aéroport de U-Taphao, qui fonctionne comme un aéroport commercial, également relié aux aéroports internationaux de Suvarnabhumi et Don Mueang. Le plan de développement de l'aéroport d'U-Tapao se déroule en trois phases. La première, prévue de 2015 à 2017, comprend la construction d'un nouveau terminal de passagers et d'autres structures. Grâce au nouvel établissement et au terminal qu'il y a déjà, l'aéroport pourra prendre en charge 3 millions de passagers à l'année. La construction du deuxième terminal a été complétée en 2016. La seconde phase du projet sera mise en œuvre de 2018 à 2020. Après l'agrandissement, l'aéroport pourra accueillir 5 millions de passagers par an. La troisième phase du projet sera mise en œuvre en 2020. Les dernières deux phases de développement de l'aéroport comprennent le développement des côtés pistes (Airside), des côtés aérogare (Landside) et d'autres services visant à accroître les possibilités de l'aéroport de sorte qu'il puisse être utilisé pour intercepter l'augmentation future du trafic.

AUTOROUTES

La Thaïlande est reconnue comme la ville avec le plus grand réseau routier d'Asie du Sud-Est, avec plus de 390026 kilomètres, dont 384.176 kilomètres (98,5%) sont en béton ou en asphalte, et dont 66.266 constituent le réseau routier national qui relie toutes les régions du pays.

Le Département des autoroutes (DOH) a amélioré et agrandi les autoroutes du pays depuis 1994. Ces denses réseaux autoroutiers vont rendre les déplacements plus faciles et plus rapides, en réduisant d'un tiers le temps de conduite et en facilitant les déplacements partout et à tout moment, aussi s'il s'agit de transports à longue distance.

Noter : on conduit à touche. Malheureusement, en Thaïlande il y a eu de nombreux accidents de la route mortels. Une attention particulière est recommandée.

CHEMINS DE FER

La Thaïlande possède un vaste réseau ferroviaire qui couvre 4239 kilomètres, reliant les 77 provinces du pays. Les faiblesses du secteur ferroviaire sont liées à l'inadéquation des services fournis et à l'âge global du système : de nombreuses lignes sont monorails et le matériel roulant est souvent obsolète.

Le State Railway of Thaïlande (SRT) opère sous le contrôle du Ministère des transports et des communications, qui est responsable de la construction, de l'exploitation et de l'entretien du réseau ferroviaire thaïlandaise. Selon le plan de développement des infrastructures et des transports de la Thaïlande (2015-2022) émis par le service de planification des transports,

887 kilomètres de chemins de fer seront ajoutés d'ici 2020.

La Thaïlande est un modèle économique qui vise à changer profondément le système économique, en essayant de l'adapter aux défis actuels. L'objectif est de remplacer les anciens modèles de production (appelés "Thaïlande 1, 2 et 3"), comme l'agriculture, le textile et l'industrie lourde, par des modèles conçus pour développer des nouvelles idées et les réaliser.

Le modèle "Thaïlande 4.0" a quatre objectifs :

•Développer l'économie et faire de la Thaïlande l'un des pays à revenu élevé les plus développés. Pour ce faire, il doit être un pays qui génère de l'innovation, qui se concentre sur la recherche scientifique et qui encourage la pensée critique. Les dépenses en recherche et développement devraient atteindre 4% du PIB et ramener la croissance économique à 5-6% par an.

• Rendre la société plus inclusive. Il est nécessaire de surmonter les lacunes et les inégalités créées par les méthodes d'organisation économique du passé. Cet objectif sera atteint en repensant le système actuel de protection sociale.

- Augmenter le niveau des valeurs humaines : augmenter l'indice de développement humain et placer au moins 5 universités thaïlandaises dans le top 100 dans les 20 ans.

- Adopter une approche de croissance et de développement durable qui combine les besoins de croissance du pays avec le respect de l'environnement.

La raison pour laquelle on veut atteindre ces objectifs est d'essayer d'échapper au "piège du revenu moyen", le "pays riche" qui découvre la situation d'un pays qui était auparavant considéré comme un pays en développement à faible revenu mais qui est maintenant incapable de l'atteindre.

Elle est considérée comme un "piège" parce que ces pays sont trop riches pour le terme LDC (pays les moins développés) mais trop pauvres pour le terme DC (pays développés). Il y a de nombreuses raisons à cette impasse, telles que le système éducatif qui ne peut pas soutenir l'économie 4.0. Une autre raison est que la structure fiscale du pays semble être l'un des principaux obstacles au bien-être à long terme. Les taxes sont trop faibles par rapport aux niveaux internationaux et le gouvernement thaïlandais n'a pas les ressources pour investir dans de nouvelles infrastructures pour atteindre ces objectifs.

Pour échapper à ce piège, des institutions solides devraient être construites tant au niveau public que privé. La Thaïlande a besoin d'un secteur public visionnaire, efficace et transparent. En outre, la vision à long terme devrait également être davantage mise en œuvre.

L'ANASE ET SA FONCTION

L'ANASE - Association des nations de l'Asie du Sud-Est, a été constituée le 8 août 1967 à Bangkok, en Thaïlande, avec la déclaration du même nom signée par les pays fondateurs, qui sont : Indonésie, Malaisie, Philippines, Singapour et Thaïlande. Ensuite, le 7 janvier 1984 le Brunei s'est ajouté, le Vietnam le 28 juillet 1995, le Laos et le Myanmar le 23 juillet 1997 et le Cambodge le 30 avril 1999, apparaissant parmi ces qui sont les dix pays membres de l'ANASE.

Le document original ne contenait que cinq articles, mais visait à réconcilier l'Indonésie, les Philippines et la Malaisie après diverses controverses. Les négociations n'ont pas été faciles en raison de la diversité des opinions politiques et des antécédents historiques, mais un accord a finalement été conclu qui a favorisé la coopération et les avantages qui en ont découlé. La Déclaration de Bangkok contient des objectifs spécifiques et décrit le fonctionnement d'une organisation créée par étapes. Au fil des ans, l'ANASE a promulgué une série d'instruments juridiquement contraignants, tels que le traité d'amitié et de coopération en Asie du Sud-Est et le traité sur la zone exempte d'armes nucléaires en Asie du Sud-Est de 1995.

Les caractéristiques de l'ANASE le rendent unique et attrayant pour l'étranger : il y a des marchés des capitaux développés, une agriculture florissante, des ressources abondantes, des réseaux de transport importants, des grands aéroports internationaux, de véritables centres mondiaux et des centres industriels qui produisent et exportent des matières premières de pointe. Le reste du monde. La région devient également un marché de consommation de plus en plus important avec une classe moyenne en croissance.

LES PAYS MEMBRES DE L'ANASE

Brunei, Cambodge, Indochine, Laos, Malaisie, Myanmar, Philippines, Singapour, Thaïlande, Viêt-minh Nam.

LES PARTENAIRES DE DIALOGUE

Australie, Canada, Chine, Corée du Sud, Inde, Japon, Nouvelle-Zélande, Russie, Union européenne, USA.

BUTS ET LES OBJECTIFS

Les buts et objectifs de l'ANASE sont :

- Accélérer la croissance économique, le progrès social et le développement culturel de la région dans une perspective d'égalité et de coopération pour renforcer une communauté d'unité et de paix comme les pays d'Asie du Sud-Est ;

- Promouvoir la paix et la stabilité dans la région, dans le respect des règles des relations de l'ANASE et des principes de la Charte des Nations unies ;

- Promouvoir la coopération active et l'assistance mutuelle sur des questions d'intérêt commun aux domaines économique, social, culturel, technologique, scientifique et administratif ;

- Assistance mutuelle par la formation et la recherche dans les disciplines éducatives, professionnelles, techniques et administratives ;

- Coopérer plus efficacement pour promouvoir un développement agricole et industriel accru, développer les échanges (notamment par la recherche sur les questions relatives au commerce international des marchandises), améliorer les moyens de transport et de communication et améliorer le niveau de vie des personnes ;

- Promouvoir les études dans l'Asie du Sud-Est ;

- Maintenir une coopération étroite et fructueuse avec les organisations internationales et régionales actuelles, ave

Organisations internationales et régionale existent avec des buts et des objectifs similaires et explorer toutes les voies pour une coopération plus étroite entre eux.

LA COMMUNAUTÉ DE L'ANASE

La vision 2020, partagée par les gouvernements membres de l'ANASE à l'occasion de son 30e anniversaire, est d'y avoir une communauté qui vit en paix, stabilité et prospérité, où les nations sont reliées par un développement mutuel et vivant. Lors de l'Assemblée de l'ANASE en janvier 2007, les dirigeants ont réaffirmé leur ferme engagement à poursuivre la coopération et ont signé à cet égard la Déclaration de Cebu sur l'accélération de la création de la communauté de l'ANASE d'ici 2015.

La Communauté de l'ANASE se compose de trois piliers :

- Communauté de sécurité politique de l'ANASE (ASCC) : vise à maintenir la paix et l'harmonie entre les nations en construisant un monde démocratique unique.

- Communauté économique de l'ANASE (AEC) : vise à créer un marché unique de plus de 622 millions de personnes.

- Communauté socioculturelle de l'ASEAN (ASC) : elle vise à garantir une bonne qualité de vie à travers des activités coopératives centrées sur les personnes et respectueuses de l'environnement.

ASPECTS RÉGLEMENTAIRES DES INVESTISSEURS

Le gouvernement thaïlandais offre un large éventail d'incitations pour les investisseurs gérés par : BOI-Board of Investments et IEAT-Autorité de la zone industrielle Thaïlande.

Le Comité d'investissement est une division du ministère de l'Industrie et a été créé en 1977 avec L'Investment Promotion Acte, qui traite spécifiquement de la promotion du développement de la Thaïlande et en particulier du secteur stratégique. En particulier, il aide les médias Entreprises locales et étrangères en évaluant de nouvelles affaires, des conseils, des incitations.

Financer et faciliter les procédures bureaucratiques thaïlandaises promues par une entreprise ; cette agence gouvernementale s'appelle BOI Corporation.

BOI promeut actuellement les domaines d'activité suivants :

N	DESCRIPTION
1	Agriculture et produits agricoles ;
2	Minéraux, céramiques et métaux communs ;
3	Industrie légère ;
4	Produits métalliques, machines et équipements de transport ;

5	Appareils électroniques ;
6	Produits chimiques, papier et plastique ;
7	Services d'utilité publique ;

Ces 8 catégories peuvent être subdivisées en activités commerciales secondaires telles que la production, la conception, le développement et le transfert de technologies.

Avant de soumettre une demande à l'Office, il convient de demander si les activités propres relèvent de ces catégories et, à cette fin, il peut être utile de consulter la liste BOI des incitations qui ont été activées. Ensuite, en fonction de la nature de l'activité exercée, de la demande à présenter et de la procédure d'autorisation, les incitations offertes peuvent varier considérablement.

En particulier, parmi les avantages non fiscaux, citons la possibilité que le capital social soit entièrement détenu par des actionnaires non thaïlandais[11], la possibilité d'embaucher des travailleurs expérimentés et qualifiés dont les permis de travail pourront être présentés en une journée par le BOI et le centre de services à guichet unique du permis de travail, vous pouvez transférer des devises à l'étranger.

Les avantages fiscaux comprennent :

1. Exonération pluriannuelle de l'impôt sur les sociétés ;

2. Exonération ou réduction des droits à l'importation sur les machines, matières premières et matériaux nécessaires ;

3. Exonération fiscale ou réduction des dividendes perçus par les associés ;

L'approbation des demandes de promotion sont est gérée par trois départements :

BOI, Département of Business Développement, One-Stop Visa et Work Permit Investment Centre. Pour introduire sa demande, la société doit verser un capital initial d'au moins 10 millions de bahts. La première étape consiste à préparer la demande qui doit être soumise au BOI avec l'entreprise.

Le plan : l'autorité compétente évaluera ensuite la demande reçue et délivrera un certificat si elle estime que les exigences sont remplies. La deuxième étape se déroule devant le DBD, comprenant la réservation du nom et la constitution de l'entreprise ; la troisième et dernière étape prévoit la demande de visa et de permis de travail.

IEAT - Industriel Area Autorité of Thaïlande à l'objectif de concentrer des secteurs spécifiques dans des pôles dédiés pour réaliser des économies d'échelle.

En outre, il a le pouvoir d'imposer des normes de qualité sur les bâtiments et de contrôler les émissions de gaz et de liquides.

LE COMMERCE EXTÉRIEUR

La loi sur les affaires étrangères, promulguée en 1999, régit toutes les activités que les sociétés désignées comme "étrangères" peuvent exercer. Bien que certaines activités soient totalement interdites, certaines peuvent être menées avec l'approbation d'organismes gouvernementaux désignés et d'autres ne nécessitent pas d'approbation spéciale.

Conformément au Foreign Business Acte (FBA) de 1999, le terme "étranger " (Foreign) se réfère à :

1. Personnes physiques qui n'ont pas la nationalité thaïlandaise.

2. Personnes morales non enregistrées en Thaïlande.

3. Une personne morale qui est enregistrée en Thaïlande doit répondre aux exigences suivantes :

a) une entité qui détient la moitié ou plus des actions d'une entité appartenant au groupe (1) ou (2) investit la moitié du capital total de la personne morale ;

b) une société ou une société à responsabilité limitée dont l'entité visée au point (1) est l'associé ou le dirigeant ;

4. Une personne morale enregistrée en Thaïlande

L´entité juridique enregistrée en Thaïlande, la moitié ou plus de son capital social est entre les mains d´une personne mentionnée aux points (1), (2) o (3), ou une personne morale visée aux points (1), (2) o (3) indique la personne mentionnée. 1), (2) ou (3) investissent dans la moitié ou plus de leur capital total.

Le Foreign Business Law définit trois listes d'activités qui sont interdites ou limitées par la participation étrangère.

La liste 1 comprend toutes les activités interdites aux étrangers, comme par exemple :

- les journaux télévisés et télévisés,

- agriculture, plantation ou horticulture,

- l'élevage,

- la déforestation et la production de bois ;

- la pêche, en particulier dans les eaux territoriales thaïlandaises et dans les zones économiques spécifiques thaïlandaises ;

- traitement des herbes thaïlandaises ;

- vente d'œuvres d'art et d'œuvres d'art historiques,

- vente de terrains.

Les activités relevant de la deuxième liste concernent la sécurité nationale ou la protection de la culture, des traditions, des ressources naturelles et de l'environnement. Ce n'est qu'avec l'approbation du Cabinet que les sociétés étrangères peuvent participer à ces activités.

La liste 3 comprend toutes les activités non encore ouvertes aux étrangers pour lesquelles les sociétés étrangères doivent demander une licence spécifique.

Ces activités sont :

- la mouture du riz et la fabrication de farines de riz et de plantes ;

- la pêche, notamment élevage de créatures aquatiques;

- la fabrication de contreplaqué, de placage, de panneaux de particules ou de plaques ;

- la production de chaux ;

- la comptabilité ;

- les services juridiques ;

- l'architecture ;

- l'ingénierie ;

- la construction ;

- agence ou courtage ;

- la mise aux enchères ;

- le commerce intérieur des produits agricoles locaux non interdits par la loi ;

- la vente au détail de toutes les catégories de marchandises ayant un capital total inférieur à 100 millions de bahts, capital minimal de chaque magasin inférieur à 20 millions de bahts ;

- la vente en gros de toutes les catégories de marchandises, capital minimal de chaque magasin inférieur à 100 millions de bahts ;

- publicité ;

- activités hôtelières, à l'exclusion de la gestion hôtelière ;

- le tourisme ;

- la vente d'aliments et de boissons ;

- activités de semis et de culture de plantes ;

- des autres services, sauf ceux prescrits par les règlements ministériels.

Les entreprises promues par le BOI peuvent exercer une activité particulière, mentionnée dans le Foreign

Business Act uniquement en obtenant le "Foreign Business Certificate" avant de commencer cette activité.

L'AUTORISATION DE TRAVAIL

Le Foreign Work Act, connu sous le nom de "Foreign Work Act, BE 2551", régit le travail effectué par des étrangers en Thaïlande. Ce règlement ne s'applique pas à toutes les catégories de travailleurs étrangers, par exemple, il existe certaines exceptions telles que: membres de missions diplomatiques ou consulaires, représentants de l'État ou membres. Le but de ce règlement n'est pas de punir les travailleurs thaïlandais, plutôt, les étrangers plus expérimentés.

IMMIGRATION ET PERMIS DE SÉJOUR

Sauf pour les voyageurs en transit et les citoyens de certains pays, il faut avoir un visa pour entrer en Thaïlande. Les ressortissants étrangers qui ont l'intention de rester en Thaïlande pour travailler ou faire des affaires doivent remplir les conditions de visa pour pouvoir obtenir un permis de travail.

ÉTABLIR UNE SOCIÉTÉ EN THAÏLANDE

La position géographique stratégique de la Thaïlande, l'accès à la zone de libre-échange Sud-Est Asiatique (ANASE) et les exportations font de la Thaïlande l'un des marchés les plus intéressants pour les entreprises qui souhaitent développer leurs activités en Asie.

En plus de cela, le gouvernement thaïlandais fournit un grand soutien, une infrastructure efficace, des allégements fiscaux et un système plus simple pour obtenir des permis de travail pour les étrangers qui décident de créer et d'enregistrer une entreprise. En particulier, par l'intermédiaire du Board of Investments (BOI), le gouvernement a activement commencé à subventionner et promouvoir des incitations pour les entreprises étrangères qui souhaitent opérer dans le Royaume de Thaïlande, en s'assurant que les nationalités n'interfèrent en aucune façon dans leurs opérations.

Les types d'actifs reconnus en Thaïlande sont les suivants :

- Partenariat
- Société par actions

- Coentreprise sans personnalité juridique
- Autres formes d'entité sociale

Société à responsabilité limitée

La forme la plus courante de société en Thaïlande est la société anonyme. Une telle société est préférable pour deux raisons : la première est la transparence. Comme on le verra plus loin avec une analyse plus approfondie, le processus d'enregistrement exige des investisseurs de soumettre des plans de projet au gouvernement.

Acquérir une compréhension claire du profil de l'entreprise, de la situation économique et financière, des identités et des responsabilités des administrateurs et des actionnaires. Donc, la procédure garantit une plus grande fiabilité pour les tiers tels que les partenaires commerciaux, les banques ou les établissements de crédit qui souhaitent investir dans la société. Le deuxième avantage est d'offrir une sécurité économique à long terme : La dissolution d'une LLC n'est pas une procédure simple et constitue donc un investissement essentiellement solide et durable. L'article 3 de la section 1096 du Code civil et commercial thaïlandais indique qu'une société divise son capital social en actions de valeur égale au moment de la constitution et que la responsabilité des actionnaires est limitée à la valeur des actions qu'elle détient.

IMMATRICULATION FISCALE

L'enregistrement de la société entraîne des conséquences fiscales qui devraient être prises en compte. Les sociétés soumises à l'impôt sur les sociétés (CIT - Impôt sur les sociétés) doivent obtenir un numéro d'identification fiscale auprès du bureau des impôts thaïlandais dans les 60 jours suivant la création ou le début des opérations commerciales.

Les opérateurs économiques soumis à la taxe sur la valeur ajoutée (TVA) doivent obtenir un numéro de TVA (ou numéro de TVA) dans les 30 jours suivant la réalisation d'un chiffre d'affaires de 600.000 THB.

CHAPITRE 2
PERSPECTIVES DU MARCHÉ IMMOBILIER

Le marché immobilier thaïlandais de 2021 a légèrement diminué en raison de plusieurs facteurs ; cependant, il était principalement dû à la pandémie de COVID-19 et, plus récemment, aux marchés financiers mondiaux qui ont pris un tournant avec des récessions potentielles qui ont eu un impact sur le marché immobilier thaïlandais.

À partir de là, le gouvernement thaïlandais a lancé de nouvelles initiatives pour surmonter les défis et commencer une phase de reprise. Le gouvernement thaïlandais prévoit que ces nouvelles incitations étrangères attireront plus d'un million de nouveaux investisseurs et professionnels étrangers au cours des cinq prochaines années, ce qui devrait contribuer à l'économie avec plus de 1000 milliards de bahts au total (30 milliards de dollars).

La pandémie a affecté de nombreux achats à l'étranger car il est devenu plus difficile de voyager et de planifier les achats de propriétés. Pour cette raison, les consommateurs ont mis plus de temps à décider et à tenir à distance, mais le marché change progressivement et de nouveaux investisseurs reviennent sur le marché à mesure que la situation actuelle devient la norme.

Cela dit, en 2022, le marché immobilier thaïlandais devrait se redresser rapidement. Des nouvelles incitations pour les visas étrangers et les avantages fiscaux sur les propriétés achetées, ainsi que le fait que la Thaïlande est un pays entrant pour l'achat, sera favorable à beaucoup de gens.

Dans l'ensemble, les prix de l'immobilier devraient rester inchangés en 2022 par rapport aux années précédentes, ce qui est une bonne nouvelle pour les nouveaux acheteurs.

L'un des principaux facteurs d'une reprise et d'une croissance rapide de l'économie thaïlandaise est la manière dont le gouvernement thaïlandais contrôle la propagation de la COVID-19 et les mesures et incitations de relance économique qui ont et continueront d'aider le marché à se redresser.

La Thaïlande devient rapidement le centre d'attention quand il s'agit d'investissements commerciaux et immobiliers, comme elle offre un monde d'opportunités et cela a l'intérêt des investisseurs du monde entier. Si vous envisagez d'investir dans votre propre maison de luxe, vous pourrez trouver des maisons de luxe à des prix relativement abordables par rapport au reste du monde.

Comme on pouvait s'y attendre, les propriétés sont plus chères dans le centre de Bangkok et dans d'autres endroits très demandés. Dans des villes comme Bangkok, les propriétés à louer sont plus demandées par les touristes et les résidents de longue durée. Les mêmes prix de location plus élevés s'appliquent également aux îles telles que Koh Samui ou Phuket avec des propriétés demandées par les résidents locaux, les touristes étrangers, thaïlandais et expat qui souhaitent des vacances de luxe à partir du continent ou de la vie d'une grande ville.

OÙ LES PRIX AUGMENTENT

L'économie thaïlandaise et les infrastructures du pays se développent bien juste à l'extérieur de Bangkok, où on peut trouver une grande zone d'usines et d'entrepôts idéalement situés à proximité des ports maritimes, des aéroports, des réseaux routiers et ferroviaires.

Les entreprises commencent également à remarquer les coûts de main-d'œuvre abordables qui contribuent à assurer que la production et le coût de faire des affaires sont abordables et attrayants. En outre, il y a beaucoup d'espaces de bureaux et d'autres installations avec les pays voisins qui sont coûteux dans la chaîne, Singapour et autres, cela contribue également à simplifier les affaires entre les pays.

TENDENCE-CLÉS

La pandémie de Covid et les préoccupations actuelles sur les marchés financiers en 2022 sont sans aucun doute les principales raisons pour lesquelles les consommateurs sont désormais plus attentifs à leurs habitudes de dépenses pour des articles inutiles ; cependant, l'achat de propriété ne fait pas partie de ces raisons, en particulier en Thaïlande.

Voici quelques raisons pour lesquelles de nombreuses personnes avec une valeur nette élevée favorisent le marché immobilier thaïlandais en ce moment :

Maîtriser l'épidémie de COVID par rapport à de nombreux autres pays ;

Les visas gouvernementaux et les incitations immobilières accueillent les professionnels étrangers dans le pays ;

Pour le potentiel de l'économie du pays dans les années à venir en termes de vie, de propriété et d'affaires.

La Thaïlande est un centre d'affaires avec un accès facile aux pays asiatiques voisins avec plusieurs aéroports et vols quotidiens.

Le marché de l'immobilier de luxe est toujours considéré comme relativement bon marché et abordable pour les acheteurs de maisons et les investisseurs.

Pour les acheteurs qui souhaitent investir dans le marché immobilier thaïlandais, c'est maintenant le meilleur moment pour examiner les achats potentiels en 2022 jusqu'en 2023. On estime que la politique du gouvernement visant à attirer les professionnels étrangers à vivre et à travailler en Thaïlande.

Les villas sont les principaux choix des acheteurs plutôt que des condominiums en raison de la pandémie de

Covid 19, car il y a plus d'intimité avec moins d'interactions avec les autres que les condominiums.

PHUKET : LES FACTEURS QUI INFLUENCENT LES PRIX

Il est presque inapproprié de se référer à "Le marché immobilier de Phuket" car ce n'est pas une entité homogène. Il est divisé (et même subdivisé) en catégories comprenant collectivement un large éventail d'acheteurs. Cette section vise à aborder certains des principes fondamentaux qui affectent le coût de la propriété à Phuket, en mettant l'accent sur les prix payés par les étrangers.

Les statistiques nationales suggèrent que si le marché immobilier thaïlandais a légèrement ralenti au cours des deux dernières années, au contraire il a enregistré des gains constants au cours des 10 dernières années jusqu'en janvier 2016. L'indice des prix de l'immobilier a trébuché jusqu'à la mi-2017, puis a continué à augmenter jusqu'au trimestre 2018.

Depuis le début de 2008, l'indice des prix de l'immobilier en Thaïlande a augmenté de 52,73% (l'impact du recul actuel n'a été que de 0,29%). En termes simples, cela représente une augmentation des prix de 4,79% par an.

LE DÉVELOPPEMENT DU TOURISME

Avant d'aller plus loin, il est important de distinguer le marché immobilier de Phuket et le marché thaïlandais dans son ensemble (également à Bangkok en particulier). Bangkok est la capitale de la Thaïlande et aussi la principale ville du pays. Avec une population totale de plus de 16 millions, le Grand Bangkok abrite près d'un quart de la population totale de la Thaïlande. Comme il y a plus de personnes concentrées là-bas que partout ailleurs dans le pays, le marché immobilier a tendance à se déplacer avec l'économie.

Dans une économie forte, comme on l'a vu au cours de la dernière décennie, les estimations de la demande peuvent devenir optimistes et des constructions excessives peuvent se produire.

Alors que les prix à Phuket peuvent suivre vaguement le flux et le reflux dans le reste de la Thaïlande, la demande des étrangers à Phuket distingue son secteur immobilier du pays dans son ensemble. Et ces acheteurs étrangers sont presque toujours introduits sur l'île en passant des vacances, tout nous dit que le tourisme à Phuket continuera de croître et que le secteur de l'immobilier aussi.

L'évolution de visiteur à résident prend parfois du temps, mais cela arrive souvent. Les gens tombent amoureux de la Thaïlande et deviennent progressivement leur destination de vacances par défaut, avec de plus en plus de vacances passées là. L'histoire d'amour avec le pays est vraiment complète lorsqu'ils achètent ou louent un condo ou une villa en Thaïlande et décident de là déménager, travailler ou prendre leur retraite.

Le marché des copropriétés a connu une croissance particulièrement rapide au cours des 15 dernières années, et cela est dû en grande partie à l'augmentation du tourisme. Mais quelque chose d'autre est arrivé pendant cette période, comme les taux d'intérêt ont été réduits dans le monde entier.

INFLATION DU MARCHÉ

La faible inflation est l'objectif de presque toutes les banques centrales et la plupart considèrent un taux d'inflation "sain" entre 2% et 3% par an.

L'inflation augmente les coûts de construction de chaque propriété. Les briques, le mortier, les tuiles, les appareils ménagers, les luminaires et les accessoires - même les plantes de jardin - augmentent en prix.

Les prix de l'immobilier n'ont pas "explosé" à Phuket, mais aucun constructeur ne peut échapper à certains effets de l'inflation.

TERRAINS À BÂTIR

La pénurie de terres (on doit se rappeler que Phuket est une île) aura presque certainement un jour un impact énorme sur les prix de l'immobilier, mais ce jour n'est pas encore arrivé car, pour l'instant, il existe une large offre de logements.

La hausse du tourisme, les taux d'intérêt bas, l'inflation et la rareté des terres sont autant de raisons pour lesquelles les prix de l'immobilier à Phuket devraient augmenter plus rapidement, mais il y a deux facteurs clés qui contrôlent les prix de l'immobilier : les travailleurs birmans et la dynamique de l'offre et de la demande.

FAIBLE INFLATION SALARIALE

La majorité des constructions à Phuket (en fait, dans toute la Thaïlande) utilisent des travailleurs birmans. Il y a une main-d'œuvre importante juste de l'autre côté de la frontière et, compte tenu des perspectives de travail à la maison, ils sont heureux d'accepter un emploi en Thaïlande. Ils sont également prêts à travailler pour des salaires plus bas que ce qu'exigerait un travailleur thaïlandais.

L'OFFRE ET LA DEMANDE

Les mécaniques traditionnelles de l'offre et de la demande ne s'appliquent pas vraiment à Phuket.

Dans un scénario classique, lorsqu'un grand nombre d'acheteurs recherchent des propriétés, mais que personne ne les vend, un marché frénétique est créé avec des prix en hausse et de nouvelles constructions qui s'épuisent rapidement. Lorsque les choses changent et que le marché est inondé de biens, les vendeurs commencent à avoir des difficultés à mesure que les prix commencent à baisser. Un acheteur à la recherche d'une bonne affaire en trouve généralement une.

L'une des raisons pour lesquelles ce cycle se répète au fil du temps est que les moments de faible demande entraînent la construction d'un moins grand nombre d'unités de logement et que la rareté qui en résulte fait monter les prix lorsque la demande s'améliore. Les "périodes de boom", cependant, voient généralement une croissance excessive, ce qui conduit à une offre excessive, à un affaiblissement de la demande et à une baisse des prix.

La dynamique des acheteurs étrangers a jusqu'à présent empêché ce scénario de "boom-bust" de se dérouler à Phuket. Les visiteurs de la Thaïlande viennent du monde entier, mais la nationalité spécifique du plus grand segment touristique continue de changer à mesure que des individus de différents pays découvrent la Thaïlande et Phuket.

Les acheteurs de biens immobiliers à Phuket, auparavant, provenaient presque exclusivement d'Europe et d'Amérique, ainsi que des voisins asiatiques de la Thaïlande (ex. Malaisie, Singapour, Australie, Nouvelle-Zélande). Mais lorsque les monnaies occidentales ont commencé à s'affaiblir, les Russes ont découvert Phuket. L'activité russe a donc diminué en raison de la dépréciation du rouble, lorsque les Chinois ont découvert la Thaïlande.

Au cours des trois dernières décennies, il n'y a pas eu de baisse prolongée de la demande assez longtemps pour faire baisser les prix de manière significative (comme certains marchés occidentaux volatils l'ont constaté), ni de développement excessif en raison d'estimations excessives de la demande future. Au contraire, l'offre a suivi le rythme de la demande et les acheteurs ont été disposés à accepter de faibles augmentations de prix pour les nouvelles unités. Certaines de ces augmentations étaient dues aux forces naturelles de l'inflation, tandis que la popularité de la propriété de Phuket a également permis aux développeurs d'exiger des prix progressivement plus élevés.

Les économistes ont une mesure de l'évolution de la demande due à la hausse des prix, qu'ils appellent "élasticité de la demande aux prix". Les biens de consommation inélastiques comprennent le tabac, l'alcool et les médicaments, car toute augmentation de prix a un impact minimal sur la demande.

L'immobilier de Phuket n'est ni une dépendance ni un médicament salvateur, mais c'est ce que les économistes appelleraient "relativement inélastique". Jusqu'à quand l'afflux de touristes à revenu disponible continuera à suivre l'offre de logements, il n'y a aucune raison de changer.

LOGEMENTS À PHUKET

Le fait que Phuket ait évité une bulle immobilière, alors que les prix étaient sous contrôle, est un fait considérable pour les investisseurs immobiliers.

Vu le nombre d'acheteurs étrangers qui gagnent leur vie ailleurs - en dehors de Phuket, et pas nécessairement même en Thaïlande - la relation traditionnelle entre les prix de l'immobilier et les salaires/salaires n'a pas d'impact direct sur le marché étranger. Avec les étrangers généralement incapables de financer une propriété thaïlandaise, même les prix dans ce secteur du marché ne sont pas affectés par les taux d'intérêt locaux, ni soumis aux scénarios de "boom and bust" qui peuvent résulter de prêts excédentaires.

Ce qui pourrait affecter la demande étrangère en Thaïlande est le taux de dépôt payé dans d'autres pays. Comme discuté, un certain nombre d'acheteurs étrangers à Phuket recherchent des rendements locatifs pour compenser les taux d'intérêt non payés actuellement par les banques. Si les taux de dépôt commencent à augmenter, les acheteurs potentiels doivent déterminer si un immeuble de placement paie suffisamment pour justifier l'immobilisation de leurs liquidités.

Donc, l'accessibilité économique sur le marché étranger de Phuket dépend de qui a de l'argent et qui ne l'a pas, et tant que les prix à Phuket resteront bas par rapport aux pays où l'acheteur a travaillé et vécu, Phuket restera un endroit attrayant pour acheter.

C'est clair qu'avec les prix de l'immobilier en Chine, en Russie, en Europe, en Australie et en Amérique du Nord nettement supérieurs au coût de la plupart des propriétés équivalentes trouvées à Phuket, les perspectives d'un marché dynamique à l'avenir sont plutôt favorables.

LE MARCHÉ LOCAL DE PHUKET

Il est impossible de discuter d'un marché immobilier dynamique comme celui de Phuket sans avant parler du marché local. Alors qu'une grande partie du marché immobilier "visible" sur la côte ouest cible les étrangers, il y a une population locale considérable (et en croissance) à Phuket, et eux aussi achètent.

Bien que le salaire familial moyen en Thaïlande puisse encore être faible par rapport aux normes occidentales, l'afflux de travailleurs birmans pour des emplois à faible salaire et à forte intensité de main-d'œuvre est un indicateur correct de la prospérité croissante parmi les ménages thaïlandais.

Une économie forte a créé une marée croissante de richesse, qui a (pour ainsi dire) soulevé tous les bateaux et la valeur nette de la plupart des citoyens thaïlandais à Phuket continue de croître. Cela dit, la plupart des salaires locaux ne sont pas assez élevés pour permettre ces développements destinés aux étrangers, mais il y a de nombreuses régions de l'île où le logement est accessible à quelqu'un avec un salaire local.

Pour la population locale, le rapport traditionnel entre les prix de l'immobilier et les salaires détermine l'accessibilité économique et tout changement dans ce rapport affecte la demande au sein du marché local. Mais si l'écart de prix entre les développements locaux et ceux destinés aux acheteurs étrangers devient trop important, il pourrait y avoir un effet d'entraînement pour les "prix de l'immobilier étranger".

De cette façon, les prix locaux peuvent servir de référence sur les prix étrangers.

CONFIANCE ET OPTIMISME

Sur n'importe quel marché immobilier, la confiance est directement liée au nombre de nouveaux acheteurs : plus les acheteurs sont nombreux, plus la confiance est grande.

Mais qu'est-ce qui motive la confiance ?

En ce qui concerne l'immobilier, de nombreuses forces sont en jeu, telles que l'offre et la demande, l'accessibilité économique aux revenus, la flexibilité des prêts bancaires, les changements démographiques - et même un sentiment général de l'économie dans son ensemble.

Le marché immobilier local de Phuket est certainement influencé par la confiance des entreprises locales. Lorsque les niveaux d'activité de l'entreprise diminuent, la plupart des entreprises réduisent les coûts et passent au second plan tout plan d'expansion. Cela peut potentiellement avoir un effet important sur l'emploi. Par exemple, si un individu est préoccupé par son travail, ou par l'économie en général, il est susceptible de s'abstenir d'acheter une propriété.

Si la confiance des entreprises locales provoque, ou est le résultat, d'une baisse du tourisme, le marché étranger sera également affecté car moins de vacanciers signifiera moins de nouveaux acheteurs étrangers.

EN RÉSUMÉ

Les marchés immobiliers thaïlandais et étrangers à Phuket sont distincts, mais les fortunes des deux sont liées au secteur touristique de l'île.

Alors que l'île continue de se développer et de prospérer, l'immobilier aussi. Phuket est une île, donc la terre est définitivement limitée. En fin de compte (qui sait si) il n'y aura plus de terres disponibles pour le développement. La pénurie et l'inflation ne jouent pas un rôle pour le moment, mais à long terme, ce sont les "doubles échecs" qui devraient soutenir la hausse des prix sur l'île dans les années à venir.

NORD, SUD, EST, OUEST

Les résidents des localités géographiques spécifiques de Phuket peuvent être aussi différents les uns des autres que les régions elles-mêmes.

La distance de l'aéroport est importante pour les voyageurs d'affaires à Bangkok, Hong Kong ou Singapour. En effet, en passant seulement deux jours par semaine avec leurs familles, les gens ne veulent pas passer des heures supplémentaires les vendredis et dimanches dans la voiture. Ces individus ont tendance à préférer le nord de l'île.

Dans la côte ouest il y a des plages, d'où on peut voir aussi le coucher du soleil et des eaux cristallines. Le côté ouest de l'île est donc très demandé et les propriétés vendent à des prix premium (surtout celles proches de la plage et/ou avec vue sur la mer).

La côte orientale est relativement sous-développée et, bien que se vantent les marinas et d'autres développements haut de gamme, la terre est généralement moins chère de ce côté de l'île.

La vallée centrale est très verte, possède des jungles vierges extraordinaires, mais a aussi des terrains de golf et des complexes résidentiels. Tout comme géographiquement, la vallée de Kathu fait également partie de la relation entre la côte ouest et la côte est.

Phuket Town a plus de complexes résidentiels tournés vers le marché thaïlandais, mais commence également à recevoir plus d'attention de la part des acheteurs étrangers, en particulier en raison de sa proximité avec les centres commerciaux élargis. Malgré cela, les prix n'ont pas encore atteint les niveaux observés dans d'autres domaines.

TYPES DE PROPRIÉTÉS À PHUKET

Afin d'aider les acheteurs à mieux identifier leur propriété idéale, on a classé les différents types de propriétés disponibles à Phuket.

Bien que le choix est vaste, la catégorisation est peut-être quelque peu subjective. Différents types de propriétés peuvent être difficiles à classer ou peuvent même se superposer à d'autres catégories. Le prix d'une propriété donnée dans une catégorie peut correspondre de plus près aux prix dans des classifications plus ou moins coûteuses.

CONDOS BAS DE GAMME

Le secteur de la copropriété bas de gamme est attrayant pour tous ceux qui veulent juste une "base" à Phuket. Ceux-ci sont généralement plus petits et ne sont pas destinés à concurrencer les développements familiaux dans une meilleure position. Cependant, ils peuvent toujours être pratiques pour les magasins ou les plages et suffisamment modernes pour être utilisés comme maison ou unité louée.

Ces condos peuvent offrir un excellent rapport qualité-prix, en particulier pour les étrangers avec un budget limité. Un certain nombre de copropriétés appartenant à l'île proposent des studios ou des unités d'une chambre pouvant être vendus pour moins de 2 millions de THB.

LES APPARTEMENTS

Bien que la plupart des nouvelles constructions à Phuket soient des projets de copropriété, il y a ceux qui n'offrent que la propriété d'appartements. Ils peuvent sembler identiques en termes de surface, mais les condos et les appartements sont très différents à la fois dans la structure et dans le droit. Alors qu'une copropriété donne à l'acheteur étranger la propriété permanente de l'unité, les appartements sont vendus uniquement sur une base locative. (Voir plus sur la propriété louée ci-dessous.)

Certains acheteurs étrangers peuvent être attirés par un appartement car il répond à leurs besoins. Mais ceux-ci devraient probablement être considérés comme des alternatives aux condominiums loués, car les prix et la structure de la propriété sont comparables.

MAISONS DE VILLE

Ces propriétés sont assez courantes sur le marché immobilier local de la Thaïlande. À Phuket, ils se trouvent principalement dans les banlieues entourant la ville de Phuket, ainsi que sur la plupart des routes principales de l'île.

Une maison de ville est généralement une structure mitoyenne avec deux étages ou plus. Celles qui donnent sur une rue principale sont souvent appelées "boutiques" car elles ont généralement un magasin au rez-de-chaussée, avec des logements aux étages supérieurs. (Malheureusement, certaines régions ont vu l'évolution des ateliers inoccupés, conséquence du développement excessif du secteur au cours des deux dernières décennies.)

Les acheteurs étrangers, en particulier ceux avec des conjoints thaïlandais, ou les familles qui cherchent à vivre plus près des zones bâties et à haute densité, peuvent envisager d'acheter une maison mitoyenne. Certains développements de maisons de ville plus récents sont assez élégants et, bien que les prix puissent varier, ils peuvent commencer de 3 à 4 millions de THB (les maisons de ville de luxe dans les zones privilégiées peuvent atteindre 30 millions de THB).

CONDOS DE STYLE RESORT

Les immeubles en copropriété représentent un pourcentage considérable de toutes les unités immobilières achetées à des étrangers à Phuket. Ces condominiums haut de gamme ont généralement un prix compris entre 3 millions de THB et 15 millions de THB, en fonction de la qualité, de l'emplacement, de la surface, etc. Ils tendent à offrir des installations, telles qu'une salle de sport et une piscine commune.

En offrant un revenu garanti sur l'unité pendant les premières années, ils attirent également les acheteurs à la recherche d'une opportunité d'investissement plutôt que d'un lieu de vie. En conséquence, de nombreux propriétaires d'appartements ne vivent pas à Phuket et visitent rarement.

Parfois, ces développements ont également des condos de luxe à vendre. Dans certains cas, il s'agit d'unités plus proches de la plage, ou peut-être d'un duplex (ou même d'un grenier), qui donnent au propriétaire le sentiment d'une villa spacieuse, mais avec la possibilité d'acheter une propriété.

MAISONS À FORTE OU FAIBLE DENSITÉ

Extrêmement populaires parmi les Thaïlandais, les complexes résidentiels sont généralement des communautés clôturées, situées plus à l'intérieur des terres ou dans des zones où la terre est plus abondante. Les maisons de trois chambres avec de petits jardins vont de 4 millions de THB à 7 millions de THB.

Il y a maintenant des dizaines de développements immobiliers à Phuket, destinés à la population thaïlandaise croissante de la classe moyenne, qui comprend également des étrangers avec des épouses et des familles thaïlandaises. Certains développements sont des zones de faible densité avec des propriétés plus grandes et des jardins plus grands, et les prix pourraient commencer à partir de 10 millions de THB ou plus.

CONDOS DE LUXE

Certains promoteurs immobiliers comprennent la frustration que les étrangers font face pour ne pas être en mesure de posséder légalement des terres. Ils ont répondu en créant des immeubles de luxe.

Avec une vue magnifique sur la mer, un développeur de qualité et une bonne gestion, ces unités offrent tous les ingrédients requis par les acheteurs heureux avec de l'argent à dépenser (les prix peuvent dépasser 50 millions de THB). Certaines de ces propriétés spacieuses ressemblent à une villa, tandis que d'autres peuvent être des penthouses de luxe, offrant le salon d'une villa privée avec l'avantage supplémentaire d'un jardin sur le toit, d'une terrasse et d'une piscine privée.

Comme ces condominiums de luxe font souvent partie d'un complexe de style complexe, ils offrent également une gamme d'équipements dans les espaces communs, tels que la salle de gym, les restaurants et la piscine commune.

Le développeur peut également offrir des garanties de loyer similaires à celles mentionnées ci-dessus.

BIENS IMMOBILIERS DANS DES PORTS MARITIMES

Ces propriétés appartiennent à un groupe distinct car elles attirent un type d'acheteur différent. Les propriétés de ces types vont des condos aux maisons mitoyennes aux villas et les prix varient considérablement en fonction de l'emplacement, du type de maison et de la taille.

Ce sont évidemment des endroits attrayants pour quiconque garde un bateau amarré à Phuket ou apprécie la proximité de la mer. Mais il peut également être intéressant de noter qu'ils sont également des environnements urbains élégants, avec de nombreux services et généralement proches des écoles internationales. (Le RPM et le Boat Lagoon, par exemple, sont pratiquement de l'autre côté de la rue par rapport à la British International School).

Le Royal Phuket Marina dispose de l'"Aqua Minium" qui est unique. Ce design singulier offre un condominium de propriétés de luxe, avec accès direct à un amarrage privé pour un bateau. C'est le seul endroit sur l'île où vous pouvez passer de la douche à la mer ouverte en quelques minutes.

LES VILLAS

Habituellement situées à l'intérieur des terres, à quelques kilomètres de la plage, ces villas offrent un bon rapport qualité-prix. Ils ont tendance à être murés, cachés des routes principales, sans vue spectaculaire. En exploitant parfaitement l'espace disponible, généralement la disposition de ces villas offre un élégant patio, avec une piscine privée au centre de la cour.

Selon le développeur, les matériaux utilisés pourraient parfaitement convenir et avoir fière allure, mais ils pourraient être inférieurs à ceux utilisés dans les villas haut de gamme.

L'une de ces villas pourrait fournir une maison confortable et pratique pour quiconque cherche un endroit au soleil, surtout si elle est située à proximité immédiate des plages, des magasins et des restaurants. Les prix peuvent partir de 7 millions de THB et certains développeurs proposent des programmes de location pour les investisseurs. Une villa pourrait s'avérer un investissement à long terme extrêmement rentable.

VILLAS HAUT DE GAMME

Les villas haut de gamme se trouvent généralement près de la plage ou dans les zones touristiques. Par rapport aux propriétés des villas, ils ont des parcelles et des surfaces légèrement plus grandes, ainsi qu'une qualité de construction, des luminaires et des accessoires supérieurs. L'attention aux détails architecturaux est généralement également plus prononcée.

Si on a un peu plus d'argent à dépenser, les villas haut de gamme offrent plus de confort et bénéficient de plus d'espace. Les villas haut de gamme et de luxe sont extrêmement faciles à louer en haute saison, obtenant un bon retour sur investissement. Certains développements dans ce domaine offrent également des programmes de location avec un revenu garanti pour les investisseurs.

Ces villas peuvent être vendues pour un minimum de 20 millions de THB et jusqu'à 50 millions de THB.

LES VILLAS DE LUXE

Il n'y a pas de point où les villas haut de gamme finissent et commencent les villas de luxe, mais aux fins de cette classification, les "villas de luxe" seront celles dont le prix est supérieur à 50 millions de THB.

Mais qu'est-ce qui, à part le prix, les rend si luxueuses ?

Ils sont généralement situés dans les plus belles zones, avec des parcelles et des espaces de vie plus grands. Les projets architecturaux progressistes présentent des intérieurs spacieux, de hauts plafonds, des appareils modernes occidentaux et une grande attention aux détails. Toutes les chambres seront équipées de dressings et de salles de bains privées avec des luminaires et des accessoires de la plus haute qualité.

Les villas Luxury et Super Luxury sont généralement situées sur des luxuriantes collines tropicales, avec des vues spectaculaires sur la mer d'Andaman, d'autant plus qu'elles brillent au coucher du soleil. Ils ont de grands jardins, avec une terrasse ensoleillée, une piscine à débordement et une salle à manger extérieure. En bref, il s'agit des plus hauts standards de qualité et de confort.

Bien que les prix commencent à partir de 50 millions de THB, et ne soyez pas surpris de voir des villas de luxe dans la fourchette de 10 à 20 millions de dollars.

LES PRIX ET LES TENDANCES À PHUKET

Les prix des condos à Phuket continuent d'augmenter constamment à 5-10% par an. Le marché de copropriété de Phuket a été et continue d'être une réussite. Les prix de l'immobilier à Phuket, en général, ont augmenté en moyenne de 410% dans toute l'île depuis le tsunami de décembre 2004. Les prix des condos à Phuket sont motivés par plusieurs facteurs, y compris le coût du terrain, le coût de la construction, l'emplacement et la qualité globale.

PRIX DES TERRES

Les prix des terrains pour le marché immobilier de Phuket varient selon la localité. La région la plus chère de Phuket est Patong, avec une terre atteignant 50-80 millions de THB par rai. Cela rend le coût moyen par carré des appartements à Patong le plus cher de l'île à 130661 THB par mètre carré.

Les prix des terrains à Kata et Karon ne sont pas loin derrière Patong, ce qui rend le coût moyen d'une unité de copropriété de 115826 THB par mètre carré. Surin et Kata accueillent les projets actuels de copropriété les plus vendus sur l'île, démontrant que les développements de qualité dans les zones développées près de la plage sont toujours au centre de la demande des clients.

À Surin, en particulier, il y a un certain nombre de studios de bonne qualité dans des endroits pratiques à quelques pas de la plage et des services.

CONDOS : COÛT MOYEN PAR MÈTRE CARRÉ

LOCALITÉ	MQ (THB)
Rawai / Nai Harn	105.178
Kata / Karon	115.826
Patong Beach	130.661
Kamala	105.650
Surin	104.838
Bangtao/Layan	111.000
Phuket Town	63.472
Chalong	74.999
Kathu	52.281

Les investissements dans des immeubles en copropriété à Phuket sont très appréciés des étrangers, car ce sont des investissements qui peuvent être utilisés à la fois pour des vacances personnelles et pour générer des revenus, loués pendant les périodes où les propriétaires sont retournés dans leur pays d'origine.

Phuket sert également de destination touristique et récréative que les touristes connaissent bien.

Cependant, l'épidémie de Covid-19 qui a commencé à la fin de 2019 a privé Phuket des touristes pendant près de deux ans.

Étant donné que l'économie de Phuket dépend principalement du tourisme, le secteur immobilier a été directement affecté.

Le pays a lancé des plans via le Phuket Sandbox en juillet 2021, afin d'encourager les touristes intéressés à Phuket à revenir. Il a été bien accueilli, mais les projets d'ouverture du pays restent limités en termes d'activités autorisées. En tant que tel, l'économie de Phuket ne s'est pas remise comme elle aurait dû, même si les étrangers et les Thaïlandais se sont rendus sur l'île dans le cadre du programme Sandbox. Dans l'ensemble, le marché des copropriétés est toujours dans un état de reprise ; les développeurs ont choisi de ne pas lancer de nouveaux projets cette année pour vendre les unités restantes et attendre une évaluation plus approfondie de la situation.

LA FOURNITURE

Fin 2021, la fourniture totale de condominiums à Phuket s'élevait à 26068 unités. Au cours de l'année, il n'y a pas eu de nouveaux projets de copropriété à vendre. Le manque de nouveaux projets était dû aux développeurs attendant de voir comment la situation du tourisme étranger évoluait ; par conséquent, ils ont retardé les plans de lancement de nouveaux projets. Comme il n'y a pas de nouvelles fournitures à vendre, la situation des condominiums dans chaque zone et comme suit : la plupart des condominiums lancés à la vente de 2012 à 2021 sont situés à Patong, avec 15% du total, suivis par Bang Tao à 13%, Kamala et Rawai à 12% chacun. Surin, Layan et Karon représentaient respectivement 10%, 8% et 7%. Quant à Kata et Nai Yang, ils représentaient respectivement 6%.

LA DEMANDE

À la fin de 2021, il y avait un total de 20376 condos épuisés sur un approvisionnement total de 26068 unités, avec un taux de vente de 78,1%. Le taux de vente a augmenté de 2,4% par rapport à 2020, s'établissant à 75,7%.

Environ 5720 unités sont actuellement en vente. En 2021, seulement 615 nouvelles unités ont été vendues, ce qui a diminué par rapport à 2020, avec 956 unités vendues.

Le nombre de nouvelles unités vendues a constamment diminué en raison de l'épidémie de Covid-19 qui dure depuis 2 ans, bien qu'il y ait plus de touristes arrivant à Phuket, les chiffres sont toujours considérés comme faibles par rapport aux arrivées touristiques en 2020.

En outre, la politique du gouvernement avec le projet Phuket Sandbox pour aider à stimuler l'économie n'a pas été suffisante pour attirer les touristes à acheter les condos restants sur le marché, près de 90% des nouvelles unités ont été vendues par les Russes, avec quelques acheteurs européens et quelques chinois, qui viennent à Phuket chaque année.

On a acheté les unités par l'intermédiaire d'agents à Phuket qui recommanderaient des projets intéressants et fiables. Ces étrangers choisiront d'acheter des projets qui peuvent être gérés par les hôtels et fournir des rendements locatifs chaque année. Les propriétaires eux-mêmes peuvent rester dans la même structure pendant les vacances. Les 10% restants étaient des Thaïlandais qui achetaient des immeubles comme résidence secondaire pour les vacances.

LES PRIX

Le prix moyen demandé pour les condos à Phuket à partir de fin 2021 dépendait des emplacements.

Les unités avec vue sur la mer ont obtenu un prix moyen de vente de 196.015 bahts par m2, qui a augmenté de 2020 au taux de 1,6%.

En 2020, le prix demandé pour les condominiums avec vue sur la mer était de 192758 bahts au m2.

En 2021, le prix demandé des condos avec vue partielle sur la mer était de 97541 bahts au m2, soit une diminution de 2,2% par rapport à 2020, avec un prix moyen demandé de 99745 bahts au m2.

Les condos qui n'ont pas de vue sur la mer ont un prix moyen requis de 76526 bahts par mètre carré en 2021, soit une augmentation de 0,45% par rapport à 2020, où le prix moyen demandé était de 76184 bahts par mètre carré.

Les prix demandés pour les condos avec vue sur la mer et sans vue sur la mer ont tous deux légèrement augmenté car les développeurs voient que la situation commence à s'améliorer, même si cela peut prendre un certain temps. En outre, de nombreux projets sont prévus pour être achevés, de sorte que les prix ont légèrement augmenté et il est prévu que si la situation revient à la normale, le prix moyen requis passera de 10 à 15%, en particulier dans la catégorie vue mer, où plus d'unités ont été vendues par rapport à d'autres catégories l'année dernière. Certains immeubles avec vue partielle sur la mer ont même vu les prix moyens baisser.

Bien que certains nouveaux projets de copropriété en cours de développement dans cette catégorie prennent une direction positive et créent des hausses de prix, d'autres projets similaires sont sur le marché depuis longtemps. Ils sont restés invendus et ont donc dû être réduits à 40%.

CHAPITRE 3
ANALYSE DE MARCHÉ

La relance du marché des copropriétés à Phuket doit encore faire face aux défis des facteurs économiques liés au tourisme. Cependant, la situation du tourisme a commencé à s'améliorer par la politique du gouvernement d'ouvrir le pays à l'accueil des touristes avec le système Test & Go, qui a conduit les touristes étrangers à pouvoir entrer plus facilement dans le pays, en stimulant l'économie de Phuket pour qu'elle progresse encore. Cela a eu un effet positif sur l'activité immobilière de l'île. Au cours du premier semestre 2022, le marché des copropriétés devrait voir une tendance à la hausse du pouvoir d'achat étranger, en particulier les investisseurs russes qui ont commencé à revenir à la fin de 2021 et ont constitué la principale force d'achat au cours de cette période. Cependant, le marché des copropriétés en général peut avoir besoin de temps pour récupérer. Dans le passé, le principal pouvoir d'achat provenait des investisseurs chinois, mais en raison des restrictions de voyage et de la baisse du marché russe pendant l'escalade du conflit, y compris les restrictions sur les transferts d'argent internationaux, ces touristes et investisseurs ont presque disparu. Cependant, si ces acheteurs reviennent, ils redonnent confiance aux développeurs car ils ont le potentiel d'aider le marché des immeubles d'habitation à se redresser plus rapidement. À l'avenir, si une situation de conflit international se produit, vous devrez peut-être attendre pour examiner plus avant la situation. Redonner confiance aux développeurs car ils ont le potentiel d'aider le marché de la copropriété à se redresser plus rapidement.

LES RISQUES POUR L'ACHETEUR

Dans la plupart des pays, avec la plupart des investissements, vous pouvez compter sur la protection réglementaire.

Qui dispose qu'au moment de la conclusion d'un contrat ayant pour objet le transfert non immédiat de propriété d'un bâtiment à construire, le constructeur est tenu d'obtenir la délivrance (par une banque ou une compagnie d'assurance) donne une garantie d'un montant correspondant à toute contrepartie que le constructeur perçoit de l'acheteur avant le transfert de propriété.

La caution doit être remise à l'acheteur. Sans garantie, le contrat est soumis à la nullité "relative" : l'action en nullité ne peut être intentée que par l'acheteur.

La garantie doit garantir le remboursement de toute contrepartie reçue par le constructeur avant le transfert de propriété (en sus des intérêts légaux) lorsque :

1) le constructeur se trouve dans une "situation de crise", c'est-à-dire la transcription d'une saisie, la faillite du constructeur, la présentation d'une demande d'admission à la procédure de concordat préventif, la publication du jugement constatant l'insolvabilité du constructeur ou ordonnant son administration extraordinaire.

2) le constructeur ne respecte pas l'obligation d'obtenir et de livrer à l'acheteur lors du transfert de propriété, une police d'assurance décennale couvrant les dommages causés à l'immeuble ou à des tiers résultant de la ruine totale ou partielle du bâtiment ou de défauts de construction graves.

La caution doit prévoir la renonciation du garant au bénéfice de l'exécution préalable du débiteur principal et doit être acquise sur demande écrite de l'acheteur, accompagnée de la preuve appropriée du montant des sommes versées au constructeur, à envoyer au domicile indiqué par la caution par lettre recommandée avec accusé de réception.

Résumé du contenu et des garanties à exiger

1.Obligation pour le constructeur de conclure (en faveur de l'acheteur) : une police de cautionnement bancaire ou d'assurance pour garantir les sommes perçues et à percevoir (par ex. acomptes) avant l'acte, hors solde de prix, de la part couverte par le prêt ainsi que des contributions publiques déjà couvertes par une garantie autonome. En cas d'échange (superficie-immeuble ou portion de bâtiment à construire), la caution doit garantir la valeur du bien donné en échange. La garantie est constituée lorsqu'une "situation de crise" survient (c'est-à-dire lorsque le constructeur est soumis à une exécution immobilière, à une faillite, à un concordat préalable, à un redressement judiciaire, à une liquidation forcée) et pas non plus dans les autres cas où l'effet translatif ne peut pas se produire (par exemple, en cas de résiliation du contrat demandée pour rupture de contrat du vendeur). La caution est tenue de payer, dans les 30 jours suivant la réception de la demande écrite de l'acheteur (qui est tenu de communiquer au préalable la résiliation du contrat). L'absence de cautionnement entraîne, si elle est invoquée par l'acheteur, la nullité du contrat préliminaire. Si le contrat ne prévoit pas de paiement anticipé par rapport au transfert de propriété, la caution ne sera pas due. La législation ne dit rien sur les conséquences du manquement de l'acheteur après l'octroi de la caution. La loi prévoit que la caution peut également être accordée en vertu de l'article 1938 du Code civil qui régit l'octroi de la caution pour des obligations futures ou conditionnelles, à condition que le montant maximal garanti soit précisé. Cette modalité n'équivaut toutefois pas à l'octroi d'une caution pour des "tranches" successives.

2. Obligation pour le constructeur de contracter (au bénéfice de l'acheteur) une police d'assurance indemnitaire d'une durée de dix ans à compter de l'achèvement des travaux pour la couverture de dommages matériels et directs à l'immeuble et à des tiers. Les dommages doivent résulter d'une ruine totale, d'une ruine partielle ou de graves défauts de construction des ouvrages qui, à leur tour, doivent dépendre d'un vice du sol ou d'un défaut de construction. En outre, les dommages doivent être

survenus après la conclusion du contrat définitif de vente ou d'attribution. En pratique, la conclusion de cette police suppose, au début des travaux de construction, la conclusion de la police CAR. Ses effets commencent cependant à courir à partir de la date d'achèvement des travaux. Le décret ne prévoit pas un schéma d'un précis type de Police, mais la police devra avoir les contenus minimaux prévus par le décret lui-même. Les vices à garantir sont ceux prévus par l'art. 1669 du code civil. L'obligation de livraison de la police n'existe que pour les bâtiments en cours de construction qui font l'objet d'un contrat préalable signé avant l'achèvement de l'immeuble. La protection d'assurance, contrairement à la garantie, est totalement indépendante de la survenance d'une situation de crise de l'entreprise de construction. La nullité du contrat n'est pas prévue en cas de non-livraison de la police ni l'obligation expresse de faire mention dans le préliminaire ou dans le définitif de la livraison de la police ou d'en indiquer les coordonnées.

3. Obligation (non expressément prévue sous peine de nullité) de conformer le contrat préliminaire, ainsi que tout autre contrat de toute autre manière visant au transfert ultérieur de la propriété ou d'un autre droit réel

de jouissance, aux indications minimales de l'art. 6 du décret afin de garantir une plus grande transparence à l'égard de l'acheteur.

4. Extension des personnes habilitées à demander le partage du prêt hypothécaire en parts et le fractionnement correspondant de la garantie hypothécaire et mise en place d'une procédure alternative si la banque ne le fait pas dans les quatre-vingt-dix jours suivant la réception de la requête.

5. Interdiction pour le notaire de procéder à la conclusion d'actes de vente si, avant ou pendant la conclusion, il n'a pas été procédé au fractionnement de l'hypothèque et à la finalisation d'un acte apte à l'annulation de l'hypothèque pour les lots sans acceptation du prêt, ou au fractionnement de celle-ci pour les lots avec accueil.

6. Droit de préemption (uniquement pour les immeubles résidentiels) en faveur de l'acheteur dans le cas de la vente aux enchères du bien, déjà utilisé par l'acheteur comme logement principal, dans le cadre d'une procédure d'exécution, même lorsqu'il a obtenu de la caution le remboursement des sommes avancées.

7. Exclusion de la révocation de la faillite pour les biens immobiliers (uniquement ceux à usage résidentiel) que l'acquéreur (conjoint, parents et proches dans le troisième degré) s'est engagé à habiter dans les douze mois à compter de la date d'achat ou d'achèvement, à condition "juste prix" à noter à la date de la conclusion du préliminaire.

8. Possibilité pour l'acheteur de faire valoir la garantie de caution avant que le syndic ne communique le choix entre l'exécution ou la résiliation du contrat.

9. Création d'un Fonds de solidarité - financé par une caution supplémentaire - destiné à assurer une indemnisation aux victimes de faillites immobilières survenues entre décembre 1993 et juin 2005. Le délai pour l'envoi des demandes a expiré, après quelques prolongations, le 30 juin 2008.

Malheureusement, l'immobilier est largement non réglementé en Thaïlande. Cela signifie que les agents de vente de biens étrangers sont pratiquement laissés à eux-mêmes.

Les agents immobiliers peuvent généralement vous dire ce qu'ils veulent, quel que soit le risque auquel ils pourraient vous exporter, juste pour obtenir la vente. Si un agent douteux pense que mentir (ou cacher des informations) va lui apporter de l'argent, il y aura des personnes qui n'hésiteront pas à vous empêcher de découvrir.

Par conséquent, il est essentiel que les acheteurs de biens immobiliers en Thaïlande, en particulier à Phuket, soient pleinement conscients des risques associés à l'utilisation du mauvais agent immobilier de Phuket ou à l'absence de consultation d'un avocat expérimenté.

IRRÉFUTABILITÉ DES CONSTRUCTEURS

Il y a un certain nombre de développeurs compétents à Phuket, à la fois étrangers et locaux, avec beaucoup d'expérience sur le marché, mais personne n'est infaillible. Chaque entreprise, même les grandes entreprises, peut rencontrer des difficultés s'il y a des problèmes sur le marché. Malheureusement, un acheteur assume le risque personnel correspondant si quelque chose ne va pas avec le développeur choisi.

Les développeurs vont des petites entreprises locales et petites étrangères aux grandes entreprises locales et aux grands étrangers. Certains développeurs locaux sont cotés à la bourse thaïlandaise, tandis que certains développeurs internationaux sont cotés à la bourse de leur pays d'origine. Il est relativement facile de contrôler le bilan d'une société cotée en bourse, mais le fait qu'une société étrangère ait un bilan solide chez elle ne signifie pas qu'elle hésiterait à débrancher une entreprise étrangère qui a eu des problèmes.

Les finances des entreprises privées sont moins faciles à évaluer, mais cela ne signifie pas que les entreprises privées sont un mauvais choix. Une bonne entreprise privée avec des comptes certifiés n'a évidemment rien à cacher. Tant que les comptes sont en ordre, il est probable que l'entreprise soit bien gérée.

Cependant, la taille peut faire la différence, en particulier pour les acheteurs locaux. Les projets de certaines sociétés thaïlandaises établies s'épuisent très rapidement sur la seule réputation et n'ont pas besoin de négocier le prix car leurs développements ont tendance à être très demandés. Cela est également pertinent pour les acheteurs étrangers, puisque 51% de tout condo doit être détenu par la Thaïlande. La forte demande et l'élasticité du prix des projets de ces développeurs établis se traduit par une certaine stabilité pour les acheteurs ou les investisseurs étrangers.

Un acheteur est exposé à moins de risques de la part d'entreprises établies qu'un développeur "one man band", en particulier celui qui lance son premier projet. De nombreux développeurs comptent sur leur réputation pour attirer de nouveaux acheteurs pour leurs développements futurs et ceux qui ont bâti une solide réputation méritent d'être salués. Mais n'importe qui peut faire des erreurs et les raisons pour lesquelles les développeurs peuvent rencontrer des problèmes financiers peuvent aller de l'inattendu à l'auto-infligé au malchanceux.

Une entreprise pourrait nourrir les habitudes personnelles de ses actionnaires, se surcharger de dettes ou simplement mal gérer un projet. Un bon donneur d'ordre peut être malchanceux dans le choix de l'emplacement, ou avec une modification de l'évaluation réglementaire ou urbanistique qui interrompt un projet à n'importe quel stade de la construction (voir l'approbation EIA ci-dessous).

Un autre risque que les acheteurs courent lorsqu'ils traitent avec des développeurs plus petits est le risque "Key Man".

Que se passe-t-il si le PDG, le partenaire principal ou le propriétaire meurt ?

Existe-t-il une assurance en place pour couvrir la mort prématurée d'un "homme clé" ?

La réalité est que les personnes clés prennent rarement, voire jamais, des mesures pour protéger l'entreprise ou les investisseurs si quelque chose leur arrive. Les acheteurs devraient demander des informations sur ces dispositions lorsqu'il s'agit d'une entreprise privée.

En résumé, les développements antérieurs et la réputation ne devraient donc pas être les seuls critères utilisés dans la sélection d'une propriété. Les développeurs privés peuvent potentiellement exposer les acheteurs à des risques plus élevés, mais cela ne signifie pas qu'ils doivent être pris en charge. Si une due diligence minutieuse est effectuée sur chaque développeur, le risque de défaillance est considérablement réduit. Si un sondage de développeur vous laisse toujours dans l'incertitude, il existe un vieil adage sur les investissements que vous devriez écouter : "En cas de doute, restez à l'écart".

REPRÉSENTANT LÉGAL

Les acheteurs courent toujours le risque de recevoir de mauvais conseils juridiques, c'est pourquoi il vaut la peine d'utiliser un avocat qui est fortement recommandé par un ami ou une connaissance et est connu pour son honnêteté, son intégrité et sa réputation. Surtout, leurs conseils doivent être indépendants et n'avoir aucun lien avec l'agent ou le développeur.

Fondamentalement, vous devez utiliser un avocat. Si un agent/conseiller immobilier dit que vous n'avez pas besoin d'un avocat, alors ce dont vous n'avez pas vraiment besoin est cet agent. Recherchez immédiatement une autre entreprise pour vous aider avec votre achat.

Les meilleurs avocats sont rarement les moins chers, mais l'achat d'une propriété n'est pas le type de transaction sur laquelle lésiner. Dans un pays où la plupart des acheteurs étrangers ne connaissent pas les lois ou les pièges rencontrés par d'autres dans le passé, la meilleure représentation vaut son poids en or.

Une fois que vous avez choisi le bon avocat, écoutez-le par tous les moyens et écoutez leurs conseils. Beaucoup de gens choisissent d'ignorer un bon conseil juridique parce que ce n'est pas ce qu'ils veulent entendre. C'est une erreur commune et massive. Peut-être sont-ils tombés amoureux d'une propriété ou ont simplement épuisé le temps sur l'île et se précipitent pour prendre une décision. Quelle qu'en soit la raison, il n'y a aucune excuse pour ne pas avoir écouté le conseil juridique.

Même si un avocat peut ne pas être en mesure de tout contrôler, il peut certainement faire assez pour incliner davantage la balance en faveur de l'acheteur. Tout comme les avocats expérimentés seront en mesure d'avertir l'acheteur de toute tricherie, le choix d'un avocat avec une expérience insuffisante pourrait avoir des conséquences désastreuses pour tout acheteur.

APPROBATION EIA

L'évaluation de l'impact environnemental, ou EIA, existe depuis 1981 et il s'agit d'un processus qui détermine les répercussions négatives potentielles qu'un développement peut avoir, mais pas seulement sur l'environnement. Une EIA définit également les mesures qu'un promoteur doit prendre pour s'assurer que les ressources sont utilisées efficacement, que le projet est économiquement avantageux pour la Thaïlande et qu'il est conforme au développement continu du Royaume.

Les développeurs aiment mentionner le fait qu'ils ont l'approbation de l'EIA, en particulier lorsqu'ils vendent un développement hors plan, et le sol est encore une zone envahie de mauvaises herbes et d'arbres. Mais si l'approbation EIA est importante, c'est juste une indication que la balle roule. Vous pouvez annuler l'EIA si le projet n'est pas conforme.

En d'autres termes, il s'agit de protéger l'environnement, à court et à long terme, et de déterminer si un développement est bénéfique pour le bien de la région et du peuple thaïlandais. L'évaluation peut avoir une grande portée, y compris la qualité de l'air, la pollution du sol, la façon dont les eaux usées seront enlevées ou traitées, la pollution sonore, la façon dont elle affecte l'environnement naturel environnant, comment cela affecte les voisins et si le développement est visuellement acceptable. Selon la taille, la plupart des développements, mais pas tous, nécessitent une approbation EIA, bien que ce ne soit pas une garantie. Le feu vert n'est donné que s'il respecte toutes les réglementations tout au long du processus de construction et la capacité de le faire peut littéralement changer avec le temps.

Un immeuble construit sur une colline peut rencontrer des problèmes si des pluies excessives provoquent l'écoulement du sol et avec elle un changement d'évaluation. Si l'analyse du changement de conception ramène le projet à la conformité, il peut encore aller de l'avant. Sinon, il peut ne jamais être terminé.

En fait, une modification du règlement à Phuket a surpris certains développeurs en décembre 2018. Sur l'île, le développement sur une pente supérieure à 35% (à l'exception des maisons individuelles ou unifamiliales ne dépassant pas six mètres) ne sera plus autorisé. Les entreprises qui n'avaient pas encore obtenu de permis de construire ont été arrêtées lors de la construction.

Un projet annulé peut mettre les investisseurs en difficulté financière et peut être hors de contrôle du développeur de faire quelque chose à ce sujet. Si la construction est interrompue par un décret ministériel/réglementaire, le maître d'ouvrage (en tant que destinataire d'une mesure administrative) peut demander réparation auprès du gouvernement.

L'acheteur peut, à son tour, déposer une réclamation contre le développeur, mais au lieu de voir le projet terminé dans 1-2 ans, l'acheteur peut être toujours en attente de remboursement.

La plupart des gens s'accordent à dire qu'essayer de protéger l'environnement pendant la construction est un avantage évident pour tous. Bien qu'il soit incroyablement rare, un projet peut être abandonné en raison du changement de l'évaluation de l'impact environnemental, que l'ensemble de la structure soit fini ou que la première brique doive encore être posée.

TERRAIN NON RÉSIDENTIEL

Comme une nouvelle évaluation peut toujours donner le feu vert à un développeur, un projet sans l'approbation de l'EIA n'est pas nécessairement une cause perdue. Un projet construit sur Dirty Land, cependant, est une autre histoire : une histoire d'horreur.

La pire situation dans laquelle un investisseur peut se trouver est celle où il a été convaincu d'acheter une unité dans un projet construit sur une forêt nationale ou sur un terrain gouvernemental. Certains promoteurs immobiliers, consciemment ou inconsciemment, ont construit sur des terrains impliqués dans des cas de corruption foncière remontant à plus de 30 ans (appelés "terrains sales").

Il n'y a pas de délai de prescription pour le gouvernement qui réclame cette terre et nous attendons pleinement que toute terre envahie soit assainie à un moment donné à l'avenir. Mais ce n'est pas seulement notre opinion, la plupart des avocats assurent que tôt ou tard cela se produira.

Lorsque le gouvernement rendra ces terres au département des forêts ou à la Royal Navy, les bâtiments illégaux seront abattus, la construction démolie et de nouveaux arbres seront plantés. Et lorsque cela se produit, quiconque y a acheté peut perdre 100% de son investissement.

ACHAT PAR CARTE

Pour tout aspirant immobilier, le moyen le plus risqué d'acheter une propriété est de l'acheter sur papier. C'est une pratique assez courante et, dans un marché dynamique, le projet peut également être vendu avant que les bases ne soient posées. Il y a des avantages et des inconvénients dans la pratique et il est important que chaque acheteur comprenne les deux.

Les avantages devraient être évidents. L'acheteur examine une propriété potentiellement exceptionnelle, généralement à un prix initial réduit, et est motivé par le prix et la remise. Si l'acheteur attend, il n'y a peut-être plus rien à acheter, ou ce qui y est sera certainement plus cher.

En général, les projets hors plan attirent les investisseurs qui recherchent une appréciation immédiate du capital, plutôt que ceux qui recherchent une maison où vivre. Sur les projets neufs, les acheteurs ont généralement la possibilité d'acheter une unité (ou plusieurs) avant le début de la construction réelle. Il se peut que la date d'achèvement soit éloignée de plusieurs mois, voire de plusieurs années, mais l'achat sur carte entraîne généralement des remises attrayantes pour l'acheteur.

Les premiers acheteurs obtiennent également le premier choix d'unités, ils pourront choisir les étages supérieurs, la vue sur la mer et / ou les chambres donnant sur la piscine. Si un investisseur n'est pas assez en avance et n'a pas une unité en bonne position, il peut avoir du mal à la revendre. Cela est particulièrement vrai lorsque tant d'autres projets sont disponibles, dont certains pourraient offrir de meilleures vues. Un autre inconvénient de l'achat sur papier est le risque que le développement ne soit jamais terminé. Si les avocats de l'acheteur effectuent la diligence raisonnable nécessaire, ce risque est considérablement réduit. Mais des échecs imprévus peuvent encore se produire et une malchance extrême peut entraîner l'annulation de l'approbation EIA. Dans certains cas, les propriétés de Phuket ont été vendues à des prix légèrement gonflés, dans une tentative des développeurs de "compléter" les frais de vente et de marketing, les rendements garantis et même les bénéfices supplémentaires. En cas de surévaluation initiale, il peut s'écouler quelques années avant que l'inflation des prix ne rattrape seule l'investissement de quelqu'un s'il décide de vendre la propriété. Malheureusement, au cours des 20 dernières années, il y a eu suffisamment d'histoires d'horreur que les investisseurs ont pu apprendre.

C'est parce que la plupart des acheteurs sont nouveaux sur l'île et n'ont pas été là assez longtemps pour avoir vécu ce qui peut mal tourner et ce qui a mal tourné dans le passé.

Mais à condition que la diligence raisonnable soit effectuée sur le projet souhaité, les remises avant construction lors de l'achat sur papier le rendent très intéressant pour les acheteurs/investisseurs, surtout s'ils recherchent une appréciation du capital.

LA PERCEPTION DU RISQUE

Chacun a une perception différente du risque, principalement parce qu'il provient d'un contexte unique, tant en termes d'expériences de vie que de situation financière.

Un multimillionnaire achètera un immeuble à Phuket et ne subira aucune perte émotionnelle ou financière réelle si quelque chose ne va pas avec leur achat. Après tout, le montant que vous risquez de perdre peut correspondre à l'intérêt que vous gagnez en une seule journée. En revanche, un couple à la retraite peut à peine avoir assez d'argent pour un immeuble et une subsistance bien planifiée à la retraite. Si un tel achat devait mal tourner, il pourrait paralyser financièrement.

Le problème auquel sont confrontés la plupart des investisseurs immobiliers est encore différent. Ils ne peuvent pas gagner de l'argent en le laissant à la banque, un concept relativement nouveau pour quiconque a plus de 30 ans. Au lieu de cela, ils sont obligés de chercher des moyens alternatifs pour faire croître leur argent parce qu'ils craignent un autre type de risque : le risque d'inflation, qui dévore le pouvoir de dépense de tout argent laissé inactif dans la banque.

Historiquement, les gens accepteraient un intérêt de 5% de leur banque locale, société de construction ou coopérative de crédit, plutôt que d'être attirés dans des investissements à risque plus élevé. Mais en Occident, les dépôts traditionnels et les instruments portant intérêt ne paient plus ce type de rendement. En Chine, en revanche, beaucoup souhaitent simplement diversifier leur richesse dans d'autres devises et recherchent activement des moyens d'obtenir leur capital du yuan.

Tout le monde veut éviter le risque, mais la plupart des gens savent qu'un certain niveau de risque existera toujours. La question est : comment ce risque est-il géré ?

Sur le marché immobilier de Phuket, les risques peuvent être atténués - voire éliminés - en suivant les indications et les conseils appropriés. Et cela commence par travailler avec les bonnes personnes et s'assurer que la meilleure représentation juridique a été recherchée.

ÉMETTRE LE DÉPÔT DE RÉSERVATION

Il y avait une certaine mauvaise presse sur les vacanciers qui se sont précipités dans un achat, juste pour changer d'avis et demander le remboursement du dépôt. Dans certains cas, ils ont pris une décision émotionnelle, simplement pour faire face au remords de l'acheteur ; dans d'autres cas, ils ont découvert qu'ils avaient été induits en erreur sur l'achat.

Un dépôt ne devrait jamais être versé sans avoir consulté un avocat et il est essentiel que tout dépôt soit remboursable. Un avocat expérimenté insistera sur ce point, protégeant ainsi l'acheteur de toute hésitation. Le vendeur/agent ne doit pas s'opposer au temps accordé à un avocat pour vérifier l'accord afin de s'assurer que cette clause et d'autres clauses essentielles sont explicites.

L'avocat doit prendre toutes les mesures nécessaires pour s'assurer que la loi est du côté de l'acheteur au cas où la diligence raisonnable révélerait quelque chose qui justifierait le retrait de l'achat. Ces clauses de sortie doivent être clairement formulées afin que le développeur ou le vendeur soit légalement obligé de retourner le dépôt.

Il est important que l'acte de propriété soit vérifié avant de payer un dépôt. Toutefois, si cela n'a pas été fait, l'examen du titre en clair devrait être une condition préalable à la vente au niveau suivant. Un avocat peut également fournir des conseils sur d'autres clauses nécessaires, qui peuvent concerner la situation de l'acheteur ou la propriété ou le développement spécifique en question.

À Phuket, comme ailleurs, il y a toujours de nouveaux développements en ligne qu'un investisseur doit prendre en compte. Agir en fonction du "sentiment d'urgence" lorsque dépenser de l'argent pour un bien immobilier n'est pas la recette d'un investissement réussi. Mais si une décision d'achat a été prise sur l'impulsion, il est important d'inclure ces garanties dans l'accord avant de transférer le dépôt.

Le marché immobilier du monde entier s'est avéré fiable, bien que non garanti. Veuillez être conscient de l'origine et de la nature des risques qui pourraient miner votre investissement immobilier idéal et prendre toutes les mesures nécessaires pour atténuer, sinon éliminer, ces risques.

CONSEILS SUR L'ACHAT

L'achat d'un appartement en construction est une excellente option pour les investisseurs qui souhaitent acheter une propriété en Thaïlande. Il peut profiter de nombreux avantages et de flexibilité. Par exemple, il peut choisir la meilleure unité et modifier librement les unités qu'il souhaite acheter. L'achat d'un appartement offre également aux acheteurs la possibilité d'acheter un bien immobilier à un prix inférieur à celui d'un bien déjà construit, qui doit attendre la fin de la construction. De plus, la propriété est susceptible de prendre de la valeur après l'achèvement, de sorte que les acheteurs et les investisseurs peuvent bénéficier de rendements financiers plus élevés.

Procédures d'achat d'un appartement en Thaïlande :

Première étape. Sélectionnez l'unité souhaitée et acceptez les termes et conditions.

Après avoir déterminé que l'unité que vous souhaitez est celle qui vous convient le mieux, vous devez vous assurer que toutes les parties concernées sont d'accord avec les principales conditions générales de la transaction.

Ceux-ci peuvent comprendre :

• Prix d'achat et inclusions. Certains constructeurs peuvent inclure des accessoires et/ou des meubles dans le prix, tandis que d'autres non.

• conditions de paiement. Certains fabricants peuvent offrir des conditions de paiement flexibles, des remises ou des forfaits qui incluent des meubles.

• La valeur du dépôt de réservation pour verrouiller l'unité pour l'acheteur.

• Si l'acompte de réservation est remboursable, si l'acheteur fait la diligence raisonnable.

• Taxes et frais de transfert, notamment à la charge des acheteurs et des constructeurs.

• Date d'échéance pour le paiement à venir.

• Date prévue d'achèvement du projet et sanctions effectives pour les retards du producteur.

Deuxième étape : L'achat d'une propriété d'un constructeur réputé avec une solide expérience ne signifie pas nécessairement que vous pouvez sauter le processus de diligence raisonnable juridique. Oui, le risque peut être moindre, mais la diligence raisonnable peut vous donner un niveau supplémentaire d'assurance. Assurez-vous d'avoir un professionnel de bonne réputation pour vous aider avec votre due diligence. Votre diligence raisonnable devrait inclure une étude approfondie des qualifications du constructeur, la recherche de titres, la licence, la révision du contrat et le financement.

Il est important de se rappeler que tous les dépôts ne sont pas remboursables en cas de diligence judiciaire négative. Par conséquent, si vous souhaitez effectuer la diligence raisonnable légale, il est préférable de s'assurer que le dépôt est remboursable.

Troisième phase. Contrat de réservation.

Le constructeur doit fournir un contrat de réservation. Habituellement, ce document décrit les conditions générales d'achat. En outre, il peut décrire le temps convenu associé à votre investissement.

Quatrième phase. Dépôt

Après avoir sélectionné un appartement et convenu avec le développeur, on doit payer un acompte pour la réservation. Les dépôts varient selon le fabricant et le marché. Cependant, le dépôt varie généralement entre 2% et 5% du prix d'achat. Le dépôt de confirmation garantira à l'acheteur l'unité désirée, qui sera ensuite retirée du marché. Assurez-vous de recevoir le reçu de paiement pour le transfert au fabricant.

Cinquième phase. Examiner attentivement le contrat de vente.

Habituellement, il faut jusqu'à 30 jours après le dépôt pour évaluer les termes et conditions du contrat de vente. Le contrat d'achat et de vente établit les spécifications de l'ensemble du projet et des unités achetées sous forme de contrat. En outre, à ce stade, le contrat d'achat ou de vente du bien immobilier est juridiquement contraignant et les termes du contrat ne peuvent être modifiés que d'un commun accord.

Il est conseillé de toujours demander au fabricant avant de signer le contrat une copie du contrat dans sa propre langue.

Il est recommandé d'inclure toutes les clauses nécessaires pour protéger votre investissement, dans le cas où vous achetez un appartement en copropriété avec le programme de rente garanti et important d'insérer la clause où il est précisé que la rente sera payée même en cas de pandémie, par exemple le Covid -19.

Sixième phase. Premier contrat de paiement.

Le premier paiement du contrat est généralement de 20% à 40% du prix d'achat. Si vous achetez un appartement en copropriété avec le titre Freehold, les fonds devront être transférés d'un compte bancaire étranger dans le pays.

Septième phase. La tranche

Le prochain paiement sera lié aux jalons de la construction, en fonction de l'emplacement du projet dans le cycle de construction. Les constructeurs peuvent suggérer des délais approximatifs, mais les paiements doivent être liés à l'achèvement des étapes clés du projet. Tout comme le premier paiement du contrat, les fonds doivent provenir de l'étranger.

Huitième phase. Liste d'imperfections.

Une fois le projet terminé, le constructeur vous contactera pour une inspection afin d'inspecter votre propriété et, parfois, vous devrez signaler quelque chose que vous n'aimez pas ou qui ne répond pas à vos attentes. La liste des obstacles est généralement développée deux à trois semaines avant la livraison. En bref, cela est fait pour résoudre tous les problèmes avec la propriété.

En cas de doute, il est conseillé d'apporter un arpenteur car il saura signaler d'éventuelles défaillances que le constructeur devra corriger avant le déménagement.

Neuvième phase. Réalisation et transfert

Une fois la construction de la propriété terminée, le constructeur émettra un avis d'achèvement et acceptera la date de transfert et le solde d'achat en remettant les clés.

Pour terminer le processus de transfert, vous n'avez pas besoin d'être en Thaïlande, un tiers peut le faire en votre nom.

PROGRAMME DE GESTION AVEC RENTE

Le programme de gestion avec la rente garantie et le moyen le plus simple de gagner des revenus d'investissements immobiliers.

De nombreux constructeurs offrent la possibilité de rejoindre le programme et de recevoir un retour sur investissement garanti, qui est généralement défini par une période allant d'un minimum de 3 ans à un maximum de 15 ans.

Les plans de rente garantie fournissent des rentes garanties pour le capital investi, qui varient en fonction du projet immobilier, généralement d'au moins 6% à 8% par an, et offrent divers avantages aux investisseurs dans le plan.

La société de gestion est responsable de la location de l'immeuble, de l'organisation de tous les aspects techniques liés à la location et de l'entretien de l'immeuble à tout moment en bon état ; Pour adhérer au Programme de Location Garantie, vous devez conclure un contrat à terme avec des conditions de gestion, qui peuvent varier d'un projet à l'autre. Le contrat stipule généralement que le propriétaire ne peut pas louer le bien à des tiers, ni lui-même ni par l'intermédiaire d'autres agences, mais uniquement par la société de gestion, ce qui est clairement un bien en ce sens qu'il décharge le propriétaire de la charge. Beaucoup de promesses, par rapport à l'achat immobilier classique où le propriétaire doit gérer seul la propriété et investir à l'étranger devient très difficile et compliqué.

Parmi les différents avantages, le propriétaire peut utiliser le bien acheté pour une période spécifiée dans le contrat de gestion convenu avec la société de gestion, en utilisant généralement l'appartement comme vacances personnelles ; est également limité à 4 semaines par an, généralement entre la basse et la haute saison.

Les propriétaires qui adhèrent au régime de garantie de loyer ont de nombreux avantages : premièrement, la société de gestion assume l'entière responsabilité de l'organisation de tous les aspects techniques liés à la location, de sorte que le propriétaire n'a pas à faire de publicité, trouver les loyers, électricité, eau, etc. et beaucoup d'autres.

La société de gestion va s'occuper de tout et va recevoir un revenu passif annuel constant et prévisible.

Troisièmement, le développeur a une option de rachat, qui peut généralement expirer dans 3-5-10-15 ans, ce qui est l'aspect le plus important de l'investissement immobilier, comme prévu dans le contrat d'achat, qui expirera après une période de temps (peut varier entre 3-5-10-15 ans) l'option (rachat) est à la disposition du propriétaire, garantissant ainsi la réception du capital précédemment investi, mais bénéficiant en même temps d'intérêts annuels, jouissance festive de l'appartement, le tout sans payer aucun loyer d'appartement, Aucun entretien, c'est parce que certains développeurs offrent des frais mensuels liés à l'entretien des espaces communs, à l'élimination des déchets, etc.

En outre, au fil du temps, le propriétaire peut s'attendre à une augmentation progressive de la valeur de la propriété car le marché immobilier thaïlandais apprécie et décide en conséquence s'il applique l'option de rachat en restituant le condo à la société de gestion, ou le vendre en privé Propriété achetée, propriété à un prix plus élevé, car l'option de rachat n'affecte que la décision du propriétaire de l'utiliser.

Le régime de garantie de loyer est parfait pour ceux qui veulent gagner un revenu annuel stable sans tracas.

C'est la vraie différence entre les différents investissements classiques, et (pas seulement les banques) qui ne fournissent pas de garanties sur le capital d'investissement, dans les placements immobiliers à revenu garanti, garanties de capital-investissement et immeubles d'habitation pour étrangers avec le titre Leasehold ou Freehold, la même valeur que l'investissement imputé, le rachat par le constructeur pour la même valeur, à condition que vous soyez sûr de remplir vos obligations contractuelles en vertu de la loi.

Beaucoup d'étrangers préfèrent investir dans ces projets immobiliers en achetant une propriété avec des droits de location, car ils permettent de ne pas avoir à payer de taxe dans le pays d'origine, dans la mesure où les droits de location sont en réalité des contrats de location pour une période déterminée, et non définitive.

Il n'est donc pas nécessaire de déclarer dans votre pays que vous possédez le bien immobilier à l'étranger car il s'agit uniquement d'un bien loué. (Même s'il est entièrement votre propriété à partir de 30 ans).

En outre, selon la loi, les garanties locatives ont une durée de 30 ans (renouvelables pour la même période), tandis que les garanties locatives avec rachats correspondants ont généralement une durée maximale de 15 ans.

À la fin du contrat de gestion, le propriétaire peut décider de signer à nouveau un nouveau contrat de gestion ou d'utiliser l'appartement à sa guise.

L'investissement immobilier avec un rendement annuel garanti et un retour sur investissement défini est la meilleure solution pour ceux qui souhaitent investir et garantir leur investissement.

Le revenu annuel perçu par le propriétaire est déposé sur un compte bancaire en Thaïlande ouvert au nom d'un étranger après l'achat de la propriété; selon la loi, les banques thaïlandaises n'ouvriront pas de compte bancaire pour les étrangers avec visa touristique, mais ils exigent un "Visa de séjour B" ou un "Non Immigré O", mais dans ce cas, vous pouvez également ouvrir un compte bancaire avec visa touristique car la société de gestion délivre une lettre à la banque indiquant que l'étranger achète un bien immobilier.

Lors de l'ouverture d'un compte bancaire, les banques émettent des distributeurs automatiques de billets sur demande et sont en mesure de gérer les comptes bancaires en ligne, de sorte que les étrangers et les titulaires de comptes peuvent effectuer des opérations bancaires même lorsqu'ils ne sont pas en Thaïlande.

Pour plus d'informations sur les placements à rente garantie, on peut visiter le site web suivant www.spasiare.com.

Avant de faire un investissement, je vous recommande de faire votre diligence raisonnable pour obtenir plus d'informations sur le bien que vous achetez.

Par exemple, si vous souhaitez investir dans une propriété encore en construction en Thaïlande, vous devez vous assurer que le développeur dispose de toutes les conditions, licences et titres de terrain nécessaires pour le projet.

La recherche sur un investissement potentiel dans une propriété est souvent appelée diligence raisonnable et doit toujours être effectuée avant de conclure un contrat ou d'effectuer des paiements dans le cadre de l'achat d'une propriété jusqu'à ce que la propriété soit passée à toi.

SP ASIE RE Co Ltd www.spasiare.com met à disposition plusieurs services pour protéger les droits des étrangers qui souhaitent acheter des biens en Thaïlande.

DEUX DILIGENCES IMMOBILIÈRES

Outre la recherche de titres, le terrain doit être inspecté physiquement pour déterminer :

- Si le projet a commencé, des inspections doivent être effectuées pour vérifier si le terrain est relié à des voies publiques et si les limites du terrain sont libres et conformes à l'acte de propriété. Cette inspection visuelle peut fournir plus de tranquillité d'esprit si vous ne pouvez pas être à proximité ou à l'étranger pendant la construction.
- L'inspection visuelle permet également de vérifier la qualité des travaux de construction effectués sur l'immeuble en question.
- Vérifiez la propriété pour le respect des ordonnances d'urbanisme locales.
- Déterminez également la propriété des lots immédiatement adjacents au projet. Il est conseillé de déterminer la propriété des différents terrains entourant le bâtiment où se trouve le projet immobilier et de vérifier que le bâtiment respecte les ordonnances d'urbanisme locales en vigueur.
- Inspection des permis de construire.

- Les nouveaux développements nécessitent une série d'approbations et de documents officiels du gouvernement qui doivent toujours être contrôlés pour s'assurer que tout se passe bien avec l'achat, tels que :
- Vérifier les types de construction réalisables dans la région, certaines régions de la Thaïlande ne permettent pas la construction de copropriété, donc, si vous êtes intéressé à acheter un condo, vous devrez vérifier les contraintes sur le terrain utilisé pour s'assurer que l'immeuble peut être développé où annoncer. C'est un contrôle très simple et il est important de savoir quelle terre est autorisée au développement par la loi thaïlandaise. En outre, des systèmes de drainage doivent être fournis pour tous les nouveaux développements.
- Vérifier que les permis de construire ont été délivrés légalement et reflètent fidèlement les plans actuels du maître d'ouvrage. Lorsqu'un permis de construire est délivré, il doit être vérifié que le promoteur a satisfait aux exigences de documentation, en particulier un projet de bâtiment complet certifié par un architecte et ingénieur agréé. L'autorisation est délivrée par le bureau régional où se trouve le bâtiment.

- Vérifier l'audit environnemental initial (IEE) présenté par le client au Bureau provincial des ressources naturelles et de l'environnement pour s'assurer qu'il a été correctement archivé et approuvé. Un IEE est une analyse environnementale préliminaire des incidences raisonnablement prévisibles d'une activité proposée pour déterminer les incidences négatives, qu'une évaluation environnementale soit requise ou non.
- Il est important de comparer le rapport IEE avec le plan de construction du maître d'ouvrage, car parfois le plan de construction change après que le maître d'ouvrage a obtenu l'approbation du rapport IEE.
- Pour le stationnement de véhicules, la loi thaïlandaise exige un nombre minimum de places de stationnement pour la construction de nouveaux immeubles et les registres officiels doivent être vérifiés pour déterminer combien de places de stationnement sont fournies et si cela est conforme aux exigences légales. Les parkings représentent généralement 25% du coût total de construction et sont un coût caché dans le prix d'une unité de condo. Les appartements nouvellement construits doivent avoir une place de parking pour 120 mètres carrés de surface habitable.
- Rechercher les qualifications du vendeur ou du développeur.

- Vérifiez les documents du tribunal local pour déterminer :
- Si le vendeur a été ou est actuellement impliqué dans une procédure judiciaire pour déterminer si d'autres acheteurs ont poursuivi le vendeur dans le passé pour violation du contrat. C'est une situation très critique dont tout acheteur devrait se protéger. Il est important de connaître la crédibilité du vendeur dans l'immobilier.
- Le vendeur peut être déclaré en faillite pour liquidation et n'a pas droit au transfert. Le titre du vendeur et le droit de transférer la propriété à l'acheteur sont les considérations les plus importantes.
- C'est la première fois que le développeur développe le projet. Pour la première fois, les développeurs ont tendance à être soumis à un contrôle plus important que les marques établies dans le secteur de l'immobilier.

La recherche de ces choses peut soulever des drapeaux rouges et vous ne voulez probablement pas traiter avec ce vendeur. Cela peut révéler de petits problèmes de documentation qui peuvent être corrigés avant l'achat ou, dans un autre cas, cela peut signifier la grande différence entre un bon investissement et un mauvais. C'est le cœur de la diligence raisonnable. Avant de sécuriser tout investissement, comme la propriété, vous devez vous assurer que les intérêts sont protégés, puis l'investissement est assuré.

SP ASIE RE Co Ltd peut établir un rapport de due diligence sur l'achat prévu. La diligence raisonnable sera préparée par nos avocats immobiliers thaïlandais, y compris des rapports de recherche de titre, des traductions d'images de terrains et de permis de construire ou d'autres documents liés à la propriété en question. www.spasiare.com

CHAPITRE 4:
LES TITRES DE PROPRIÉTÉ EN THAÏLANDE

"Freehold" – "Leasehold" – "Thai Company"

Ci-dessous, nous détaillons les caractéristiques spécifiques et les exigences que les étrangers doivent avoir pour un certificat de titre.

• **Titre - Freehold**

Selon la loi thaïlandaise Condominium ACT (BE 2522), le moyen le plus demandé et le plus courant pour les étrangers de posséder des propriétés en Thaïlande est d'acheter des condos dans des condominiums autorisés, dont 49% peuvent appartenir à des étrangers en leur propre nom.

Après la remise de l'unité de copropriété à l'étranger, le nom sera enregistré sur le certificat foncier autorisé dans le cadre de l'urbanisation.

Propriété

Chanote est une propriété particulière du Royaume de Thaïlande.

Pour ceux qui ne le savent pas, Chanote est un titre de propriété qui n'est pas différent des titres de propriété d'autres pays. Un Chanote ou un titre de propriété est semblable à un titre de propriété dans la tradition du droit de propriété italien, ou pour cette matière, un titre de propriété dans la tradition du droit de propriété.

Chanote est le titre le plus élevé que vous pouvez obtenir en Thaïlande, il y en a d'autres, mais Chanote est l'un des meilleurs et appartient ; par conséquent, la propriété empêche quiconque d'utiliser la propriété, la propriété ou, dans certains cas, les condos thaïlandais, etc. Avec la propriété, vous avez un accès illimité, ainsi que des droits d'utilisation et de jouissance de la propriété illimités.

Pour la plupart des étrangers en Thaïlande, la propriété de Chanote est impossible pour des choses comme la terre en Thaïlande en raison des restrictions sur la propriété étrangère de biens tels que la terre.

Pour être clair, ce n'est pas une restriction entièrement exclusive, cela n'empêche pas les étrangers de posséder des terres, mais la propriété foncière des étrangers en

Thaïlande est très limitée, strictement contrôlée et doit être approuvée en substance. Le gouvernement l'obtient.

Ainsi, pour la plupart des gens qui viennent en Thaïlande et veulent juste profiter de petites propriétés résidentielles, les titres de propriété peuvent être hors de question par rapport à de nombreuses propriétés immobilières thaïlandaises telles que les terrains et les maisons.

Cependant, en Thaïlande, vous pouvez posséder un condominium dans un condominium en vertu de la loi sur les condominiums thaïlandais et il existe des dispositions pour les droits de propriété liés à la propriété au sein de l'entité juridique du condominium en Thaïlande.

En tant que tel, le titre de Chanote est de premier ordre, permettant aux étrangers d'avoir des droits de propriété totaux illimités dans le Royaume de Thaïlande.

Exigences et procédures pour l'achat d'un immeuble en copropriété :

L'une des exigences auxquelles les étrangers doivent satisfaire pour acheter une propriété est le transfert de fonds d'un compte étranger vers un compte thaïlandais.

Propriété louée

Les étrangers peuvent posséder des terres en Thaïlande par le biais d'un bail enregistré, garanti par la loi thaïlandaise et souvent renouvelable ; l'option de renouvellement doit être enregistrée dans le bail original et enregistrée au bureau régional. De nombreux investisseurs préfèrent cette option en raison de la nature sûre et simple du processus.

On doit se rappeler que même si nous concluons un contrat de location de 30 ans et le renouvelons relativement pour défaut, en cas de litige entre les deux parties, le juge ne considère que la durée du contrat de 30 ans selon le code civil thaïlandais.

- 50 ans de bail non renouvelable

Contrat de location de 50 ans garanti par la loi thaïlandaise.

Titre-Leasehold

Une option plus viable pour les étrangers qui souhaitent avoir un intérêt immobilier légal et à long terme en Thaïlande est un bail. Étant donné que les étrangers ne peuvent pas détenir la terre en tant que propriété immobilière, la méthode préférée pour acquérir la terre est le loyer. La location ou la location d'une propriété est un contrat dans lequel une lettre conclut un contrat avec une autre personne, appelée locataire, pour utiliser ou bénéficier de la propriété pour une période limitée et le locataire s'engage à payer le loyer.

Selon la loi thaïlandaise, les étrangers qui louent ou possèdent des biens immobiliers, qu'il s'agisse de terrains, de terrains et de maisons, d'unités d'habitation ou de condominiums, sont liés par un bail ou un bail.

Les lois de la Thaïlande en matière de location stipulent que toute location de biens de plus de trois (3) ans ne s'applique pas, sauf preuve écrite signée par les deux parties et enregistrée auprès du ministère du Territoire. Les contrats à court terme ne doivent pas être enregistrés, mais sous forme écrite pour que le contrat soit exécutoire.

Il doit être enregistré auprès du bureau foncier où se trouve le bâtiment, sinon le contrat ne sera exécutoire que pour trois ans.

Une autre considération est que, en tant que principe général, l'un des éléments importants d'un contrat de location-vente est qu'il doit être spécifique au locataire indiqué dans le contrat de location-vente, Par conséquent, l'éligibilité du locataire est une considération importante dans l'obtention d'un bail. Par conséquent, l'adéquation du locataire est une considération importante dans l'obtention d'un bail.

Des décisions antérieures de la Cour suprême ont noté que les locataires concentrent généralement leur considération sur l'adéquation du locataire et sur le fait que ce locataire a le droit d'utiliser et de conserver la propriété louée.

Les droits du locataire étant exclusifs à chaque locataire, le bail expire automatiquement à la mort du locataire.

Pour cette raison, la tendance actuelle de certains investisseurs est d'envisager d'investir dans l'immobilier loué par l'intermédiaire d'une société, les actions de la société peuvent être facilement transférées aux héritiers de l'investisseur sans qu'il soit nécessaire de procéder à un nouvel enregistrement du contrat de location-vente.

Cependant, la récente décision de la Cour suprême ne l'a pas fait. Le projet de loi 11058/2559, approuvé par l'Assemblée de la Cour suprême d'appel, a soulevé une question importante. Le tribunal a considéré que si les parties ont l'intention d'acquérir les droits exclusifs du locataire ou du bailleur et ont l'intention de résilier le contrat de location en cas de décès du locataire ou du bailleur, le contrat de location doit indiquer expressément la durée du contrat de location de telle sorte qu'elle soit pertinente pour la vie du locataire ou du bailleur.

Si la durée du bail n'est pas la vie du locataire ou du bailleur, les deux parties s'engagent à renoncer à leurs droits exclusifs, le bail ne prendra donc pas fin à la mort de l'une des parties.

La Cour suprême a également observé que certaines clauses contenues dans le contrat de location peuvent être interprétées en ce sens que le bailleur a renoncé au droit exclusif. Par exemple, lorsque la durée du bail est de 30 ans et que le bailleur a reçu un loyer unique pour toute la durée du bail au début du bail, o le bailleur permet au locataire de sous-louer la propriété à des tiers sans l'accord préalable du bailleur.

La Cour suprême a estimé que l'inclusion de telles clauses reflétait le fait que le bailleur ne considérait pas la qualification du locataire comme un facteur important dans la location. Il affirme également que les termes et conditions convenus par les parties, tels que la durée du contrat de location, s'appliqueront au moment de la conclusion du contrat de location et continueront selon les termes stipulés dans le contrat, Cela signifie que le bail ne sera pas automatiquement résilié à la mort du locataire et peut également être résilié par les héritiers du locataire.

Les décisions de la Cour suprême sur ces questions semblent différer des décisions précédentes et il est important de surveiller l'interprétation des faits et circonstances spécifiques d'autres affaires à venir.

Lors de la conclusion d'un nouveau contrat de location, toutes les parties concernées veulent s'assurer que le contrat de location a été rédigé correctement afin de pouvoir conserver tous les droits légaux et les protections sur la propriété.

Durée du bail

La durée du bail d'une propriété en Thaïlande peut être fixe ou fixe. Les contrats de location garantissent généralement une durée initiale de 30 ans. Les étrangers peuvent acquérir en toute sécurité les droits d'utilisation des terres et enregistrer les droits de location auprès du Ministère du Territoire pour un maximum de 30 ans.

L'article 540 du code civil et commercial prévoit que la durée de la location du bien immobilier ne doit pas dépasser trente (30) ans. Dans le cas d'une période d'exécution plus longue, cette période doit être réduite à trente (30) ans. Toutefois, le délai de 30 ans peut être renouvelé, mais le renouvellement doit être effectué avant l'expiration du bail.

Renouvellement du bail

Les renouvellements de contrats de location en Thaïlande ne sont pas permanents. Il n'existe pas de droit de renouvellement automatique et les parties doivent prendre une mesure active pour renouveler à la fin de la période initiale.

C'est difficile, mais le succès dépendra probablement d'une rédaction minutieuse des termes relatifs à l'intention de renouvellement, et dans tous les cas, ce sera à la discrétion du bureau d'enregistrement.

Les périodes de renouvellement après la période initiale ne peuvent pas dépasser trente ans. Selon la loi thaïlandaise et les décisions de la Cour suprême, le terme convenu dans le contrat de location est considéré comme la propriété du locataire, mais l'option de renouvellement du bail est considérée comme une option contractuelle ou une obligation contractuelle (pas une vraie location de droits) et doit être appliquée à l'avenir.

Contrat de location et d'enregistrement

Les contrats de location en Thaïlande peuvent contenir des clauses standard basées sur la location de propriété et les lois sur la location. Cependant, les deux parties peuvent choisir d'inclure des termes spécifiques à leurs propres conditions, à condition qu'elles se conforment à la loi thaïlandaise.

Le contrat de location est généralement écrit en thaï, mais nous pouvons fournir une version anglaise si nécessaire.

Il est recommandé d'inclure dans le contrat les membres de la famille, comme les jeunes, en tant que co-locataires. Si le parent meurt de manière inattendue, l'enfant peut continuer pendant toute la durée du bail.

Enregistrement locatif

Les contrats de location de plus de trois ans peuvent être enregistrés auprès du bureau territorial, ce qui protégera davantage votre intérêt pour la maison ou la propriété car cela peut devenir une responsabilité.

Lors de l'enregistrement, l'acte de propriété contiendra votre nom et les détails du contrat de location. Le bail est ensuite annexé à l'acte de propriété et conservé au bureau territorial.

Les étrangers peuvent construire des maisons sur la terre si le bail le permet. Le permis de construire doit être demandé au nom de l'étranger, et l'étranger devient alors propriétaire de la propriété en son propre nom.

En outre, le bail est également valable si le propriétaire meurt ou si le terrain est vendu. Toutefois, le bail ne peut être cédé à des tiers qu'avec l'autorisation du garant du bail. Il est important de noter que le locataire ne peut sous-louer ou céder tout ou partie de sa propriété à un tiers, sauf disposition contraire du contrat de location. Ce dernier peut résilier le contrat de location sans l'autorisation du bailleur.

L'avantage d'un bail est un droit d'enregistrement inférieur. Les frais d'enregistrement pour enregistrer ce contrat de location sont de 1,1% de la valeur locative.

L'achat d'une propriété avec un titre de propriété, contrairement à l'achat d'une propriété avec un titre de propriété, l'enregistrement d'une propriété au nom d'un étranger ne nécessite pas de formulaire FET de la Banque de Thaïlande.

L'achat du titre de location est largement utilisé pour l'achat de certains appartements avec un plan de rente garanti, le "Garantie de loyer ".

Société - Thai Company

Selon la loi thaïlandaise, les ressortissants étrangers ne peuvent pas posséder de biens fonciers en Thaïlande. Cependant, un investisseur étranger qui possède et contrôle une société thaïlandaise, qui à son tour possède la propriété, est une approche éprouvée.

Les étrangers ne peuvent posséder que 49% des actions de la société, qui sont appelées actions privilégiées et valent 10 voix chacune. Les 51% restants peuvent être détenus par un maximum de 6 citoyens thaïlandais, mais s'agissant d'actions ordinaires, ils équivalent à un vote par action.

L'étranger sera également nommé administrateur légal unique de la société. Par conséquent, les investissements étrangers sont sûrs et ont le plein contrôle de la société, des droits de vote et de la fortune. Une autre option serait de transférer 51 % des actions thaïlandaises à une société fiduciaire détenant des actions pour le compte d'étrangers.

Cette approche fait partie d'une "zone grise" du système juridique thaïlandais. Le gouvernement thaïlandais et les bureaux fonciers, qui supervisent les transferts de propriété dans tout le pays, découragent la pratique.

La principale préoccupation des autorités est l'utilisation non autorisée de "nommés actionnaires thaïlandais", qui sont essentiellement des "faux investisseurs" utilisés pour faciliter l'achat de biens immobiliers.

Cependant, tant que l'acheteur étranger se conforme à la loi (en utilisant des "vrais" actionnaires/partenaires thaïlandais), cette option peut fournir un large degré de propriété et de contrôle indirects.

Cette structure immobilière est souvent utilisée par les investisseurs pour acheter des biens fonciers, tels que des villas avec des conjoints ou des promoteurs étrangers qui cherchent à acquérir des terrains à bâtir.

En outre, ouvrir une entreprise en Thaïlande est une pratique peu coûteuse, nous parlons de 1500 euros, et le temps bureaucratique pour terminer l'ouverture de l'entreprise est d'environ 15/20 jours ouvrables.

L'un des avantages de l'achat d'une propriété par l'intermédiaire d'une société thaïlandaise est que si vous souhaitez vendre la propriété à l'avenir, l'ensemble de la société peut être vendu au nouvel acheteur, au lieu des actifs de la société. Ainsi, les deux parties ne doivent pas payer d'impôt sur les plus-values au moment du transfert de propriété.

Propriété privée d'un terrain

N'importe qui cherche à acheter une propriété doit toujours être conscient des différents titres de propriété qui existent en Thaïlande.

1.Le titre foncier Chanote ou Nor Sor 4 Jor est le type de propriété foncière le plus élevé pour les investisseurs. Les terres avec des titres Chanote sont soigneusement tracées par GPS et connectées à la grille de détection nationale, elles sont également tracées par des poteaux numérotés uniques au sol, les titres Chanote sont les titres les plus recherchés et légalement sûrs en Thaïlande, les décharges pour le transfert du titre. Être fait en quelques heures.

2. Le titre de la terre Nor Sor 3 Kor est toujours un titre légal, la mesure est relativement précise, mais pas aussi précise que le titre Chanote, et le transfert du titre peut prendre plus de temps.

3. Le titre Nor Sor 3 est le prédécesseur de la souche Nor Sor 3 Kor, l'enquête foncière enregistre uniquement les parcelles adjacentes, les erreurs de détection jusqu'à 20% ne sont pas rares, nous recommandons toujours une révision en profondeur du sol. Acheter terrain pour le titre de Nor Sor 3.

Outre Nor Sor 3, il existe de nombreuses autres formes de titres fonciers moins reconnues, mais celles-ci sont essentiellement une forme d'emploi. Il est impossible d'obtenir l'autorisation de construire une propriété sur un terrain en Thaïlande avec des propriétés foncières inférieures à celle ci-dessus 3.

Tailles du terrain

La terre en Thaïlande se mesure à Rai, Ngan et Taling Wah

1 Wah = 4 m2

1 Ngan = 100 Wah ou 400 m2

4 Ngan = 1 Rai ou 1600 m2

2,5 Rai = 1 Acre

6,35 Rai = 1 Hectare

Aperçu de la loi sur la propriété thaïlandaise

La Thaïlande a des lois et des règlements de propriété similaires aux pays occidentaux, car le code civil thaïlandais est basé sur les systèmes de droit civil de l'Europe continentale et reproduit des aspects des pays de droit commun. La loi sur la propriété thaïlandaise est considérée comme occidentale. Ce qui rend l'achat de biens immobiliers en Thaïlande différent et plus compliqué pour les citoyens non thaïlandais est que les lois foncières thaïlandaises interdisent à tout étranger de posséder des terres, rendant impossible pour les étrangers d'acquérir la pleine propriété de terrains et de maisons en Thaïlande.

TAXES FONCIÈRES EN THAÏLANDE

Lorsque vous achetez une propriété en Thaïlande, les taxes varient en fonction de la façon dont vous achetez la propriété :

Titre Freehold et la pleine propriété par des étrangers : transférable par succession, à l'intérieur d'une copropriété le quota maximum d'appartements transférables avec cette formule est égal à 49% de l'unité immobilière (quota farang). La taxe d'enregistrement sur l'achat est de 3,6% de la valeur déclarée.

Titre Leasehold, les appartements loués peuvent être détenus par des étrangers avec "Droit de séjour", renouvelable pour 30 ans. Une formule couramment utilisée dans les investissements locatifs. Taxe d'enregistrement égale à 1,1% de la valeur d'achat tous les 30 ans.

Appartement à revenu garanti (Rental Guarantee), formule de pur investissement avec une formule de rendement garanti d'au moins 5% à 10% par an de la valeur d'achat garantie d'au moins 5 ans à 15/20 ans. Pendant cette période, l'entretien et la gestion de l'appartement seront à la charge du gestionnaire des locations, qui crédite le loyer au propriétaire.

En outre, lors de l'achat, vous devez payer une taxe de 2% sur la différence entre la valeur de vente réelle et la valeur estimée par le gouvernement, qui est généralement inférieure à la valeur de vente.

Pour enregistrer un bail en Thaïlande, une taxe d'enregistrement de 1% du loyer est requise En cas d'achat-vente, la taxe est perçue sur la valeur estimée de la propriété, avec des déductions en fonction des années de propriété (environ 7% pour les biens immobiliers vendus trois ans après l'achat). Si la propriété a été utilisée par le propriétaire comme résidence principale, aucun impôt n'est appliqué.

IMPÔTS LOCAUX

Pour les biens immobiliers détenus en Thaïlande, différentes taxes sont perçues en fonction du type de propriétaire.

Pour les personnes physiques, la loi thaïlandaise prévoit que toutes les propriétés génératrices de revenus doivent payer "l'impôt foncier et immobilier" au taux de 12,5% du revenu locatif. Ce montant doit être versé aux autorités fiscales locales avant la fin du mois de février de chaque année.

Il existe un système de calcul du loyer minimum qui calcule les taxes en fonction de la "valeur annuelle de la propriété".

Pour les personnes morales avec des propriétés génératrices de revenus, il y a l'impôt de 15-20%, calculé en déduisant les dépenses liées à l'activité, En outre, il y a un impôt foncier local de 0,5%-1% de la valeur de l'appartement, selon la zone où se trouve la propriété.

Convention sur les doubles impositions Italie-Thaïlande

L'Italie a signé une convention contre la double imposition des revenus entre les deux pays le 22 décembre 1977.

L'imposition des revenus locatifs "revenus immobiliers" est régie par l'art. 6 de la convention. Pour pouvoir opérer sur le territoire, une société étrangère doit être légalement enregistrée par des lois commerciales étrangères et obtenir une licence commerciale.

Personne morale

Conformément à l'art. 165 de la loi Omnibus, les impôts payés à l'étranger pour des activités de crédit-bail seront recouvrés dans le cadre de l'établissement de la déclaration fiscale communautaire.

La taxation IVIE n'est pas applicable aux personnes morales en Italie, qui nécessitent la préparation du cadre RW, tandis que les personnes physiques le font.

Pour les personnes physiques, on indique l'obligation de déclarer avoir un compte courant à l'étranger (en indiquant le solde moyen annuel, mod.RW) lorsque le solde annuel du compte dépasse 15000,00 euros. Veuillez noter que l'obligation de payer l'IVAFE (droit de timbre sur le compte courant) prend effet lorsque le solde annuel moyen dépasse 5000,00 euros.

Enfin, il est important de noter que la Thaïlande échange des informations fiscales avec d'autres pays et n'est donc pas sur la liste noire.

LE DROIT IMMOBILIER

Propriété foncière de ressortissants étrangers

1.1 - Les étrangers ne peuvent pas posséder de terres en Thaïlande, mais (théoriquement) les étrangers peuvent posséder jusqu'à 1 rai (1600 mètres carrés) de terres dans une zone donnée par le biais des règlements du Conseil d'investissement (Article 96 bis Land Law) pour Outre la terre, l'utilisation résidentielle nécessite l'achat de 40 millions de bahts dans des actifs spécifiques ou des investissements dans des obligations d'État en Thaïlande au profit de l'économie thaïlandaise. Si accordé (improbable), des conditions strictes doivent être respectées et le terrain doit être situé dans une zone spécifique et demander l'approbation du ministre de l'intérieur. En outre, la propriété ne peut pas être transférée par héritage, de sorte que, par dérogation, elle est limitée à la vie de l'ayant droit au terrain résidentiel. En fait, même si vous êtes très riche, ce n'est pas une option viable. À cette exception, la propriété étrangère de terres en Thaïlande est strictement interdite.

1.2 - Les sociétés étrangères qui réalisent des investissements substantiels dans l'intérêt économique de la Thaïlande peuvent bénéficier des privilèges et de la propriété foncière accordés en vertu de la section 27 de la loi sur la promotion des investissements, de l'article 44 de l'Industrial Estate Authority of Thailand Act ou de l'article 65 du Petroleum Act. Exemption (uniquement pendant leur activité en Thaïlande).

1.3 - Une société thaïlandaise contrôlée à l'étranger avec une participation majoritaire en Thaïlande (nombre d'actionnaires et pourcentage d'actions) est le seul moyen pour les étrangers de contrôler leurs investissements dans la terre thaïlandaise par des actions privilégiées. Bien que la propriété foncière de sociétés thaïlandaises partiellement (jusqu'à 49%) appartenant à des étrangers ne soit pas en soi illégale en vertu de la loi foncière thaïlandaise, la légalité et la propriété foncière de la plupart de ces sociétés sont discutables, sinon illégales. Depuis 2006, le gouvernement thaïlandais a limité et empêcher l'abus des sociétés thaïlandaises pour contourner les restrictions de propriété étrangères en Thaïlande.

1.4 - En vertu de l'article 93 du Land Act, les étrangers qui acquièrent des terres en héritage en qualité d'héritiers légitimes peuvent posséder le titre de ces terres avec l'autorisation du ministre de l'Intérieur. Veuillez noter que l'article 93 ne s'applique qu'aux étrangers qui possèdent des terres en vertu d'un traité (article 86), et non aux étrangers qui achètent des terres à un conjoint thaïlandais en tant qu'héritier légal. À l'heure actuelle, il n'existe pas de traité en vigueur permettant aux étrangers de posséder des terres en

Thaïlande, de sorte qu'aucun étranger ne recevra la permission du ministre des affaires intérieures. Ils peuvent hériter de la terre en tant qu'héritiers légaux mais ne peuvent pas enregistrer la propriété et doivent vendre la terre dans l'année suivant la date d'acquisition.

Frais de transfert sur biens immobiliers

Bureau de la taxe de transfert foncier sur les biens immobiliers (terrain, maison, appartement).

• Une taxe de transfert de 2% de la valeur estimée de la propriété.

• Taxe foncière de 3,3% sur la valeur enregistrée (de vente) ou sur la valeur estimée, selon la plus élevée.

• Droit de timbre 0,5% sur la valeur nominale

• Retenue à la source.

O Si le vendeur est une société, la retenue à la source est appliquée à 1% des ventes enregistrées ou de la valeur estimée, selon la plus élevée.

O Si le vendeur est une personne physique, le précompte sera calculé à un taux progressif en fonction de la valeur estimée du bien.

Droits de mutation d'achat pour un appartement nouvellement construit directement auprès du constructeur

Lors de l'achat d'un appartement ou d'un appartement dans une maison sous licence officielle ou dans un complexe d'appartements, le développeur ne peut transférer que la moitié des frais de transfert (2%) à l'acheteur. Selon les lois sur la protection des consommateurs, les développeurs sont seuls responsables de certains impôts et retenues d'impôt sur le revenu des entreprises, ainsi qu'au moins la moitié des frais de transfert de 2% facturés par l'Office du territoire pour l'enregistrement de la propriété.

L'enregistrement d'un terrain, d'une maison, d'un transfert de copropriété ou d'un bail avec le bureau local peut prendre jusqu'à six heures, selon l'engagement de l'agent ou si un "supplément est payé" pour assurer un processus d'enregistrement rapide et en douceur. En règle générale, l'argent ou le thé supplémentaire varie entre 1000 et 3000 bahts pour l'enregistrement d'un transfert de propriété.

Si l'acheteur étranger ne peut pas se présenter au bureau foncier, un représentant peut être nommé. Dans ce cas, une procuration formelle par le Bureau de la terre d'écriture thaïlandaise est nécessaire. L'Office du Territoire n'accepte pas d'autres formes de procuration.

CHAPITRE 5 :
L'HÉRITAGE EN THAÏLANDE

Si vous n'avez pas de testament valide, la loi déterminera ce qui arrivera à vos biens après votre mort. Selon la loi sur l'héritage thaïlandais, cela signifie généralement que les actifs seront distribués aux héritiers légaux. Selon l'article 1629 du code civil et commercial thaïlandais, il existe 6 catégories d'héritiers légaux qui ont le droit d'hériter dans l'ordre suivant :

1. Descendants

2. Parents

3. Frères de sang plein

4. Frères mixtes

5. Grands-parents

6. Oncle et tante

7. Le conjoint survivant est l'héritier légal, mais il est soumis aux dispositions spéciales de l'article 1635 du code civil et commercial.

Distribution en l'absence de testament

La loi sur l'héritage thaïlandais désigne les héritiers légaux et tant qu'un héritier survit dans l'une des classes, les héritiers des classes inférieures n'ont pas le droit de partager les biens. La seule exception est lorsqu'il y a des enfants et des parents, auquel cas ils sont partagés équitablement (section 1630). S'il y a plusieurs héritiers dans une classe, ils partageront également les droits disponibles pour cette classe. Le conjoint survivant est l'héritier légal, mais ses droits dépendent des autres classes d'héritiers légaux. Si le défunt a des enfants survivants, le conjoint et les enfants héritent l'un de l'autre. Par conséquent, s'il y a trois enfants, les droits de succession sont divisés en quatre parties égales.

Traduits et autorisés par le ministère des Affaires étrangères, les tribunaux thaïlandais acceptent les testaments juridiques étrangers, mais le processus juridique pour les faire respecter peut prendre beaucoup de temps. L'exécution d'un testament étranger en Thaïlande est toujours soumise à la procédure judiciaire.

Faire un testament en Thaïlande

Si vous n'avez pas de testament définitif, les règles déterminent ce qui arrivera à vos biens après votre mort. La situation juridique peut être différente si vous vivez en Thaïlande et êtes marié à un citoyen thaïlandais, ou si vous n'êtes pas marié et que vous n'avez pas de relations familiales en Thaïlande. Dans les deux cas, un testament et un testament sont recommandés, mais pas un testament ou un testament thaïlandais. Faire un testament valide en Thaïlande n'est pas difficile, il faut respecter les exigences du code civil et commercial.

Il n'y a pas de part minimale en Thaïlande qui doit être distribuée au patrimoine descendant du conjoint survivant, mais la moitié de la propriété commune entre le mari et la femme doit d'abord être distribuée au conjoint survivant.

Héritage de propriétés étrangères en Thaïlande

Indice

• Propriété foncière (selon la loi sur l'héritage thaïlandais ou successeur testamentaire).

• Appartements (héritage et propriété étrangère).

• Actifs de l'entreprise (héritant du contrôle et des actifs de l'entreprise).

• Biens de tiers (succession du bail au moment de la constitution du locataire).

Titre hérité en terre étrangère

Section 93 de la loi foncière : "Un étranger qui a acquis un terrain en tant qu'héritier légal peut posséder des biens sur ce terrain avec la permission du ministre de l'Intérieur. Cependant, la parcelle totale ne doit pas dépasser la section 87".

Selon l'article 1629 de la loi civile et commerciale, tout étranger marié à un citoyen thaïlandais est un héritier légal (c'est-à-dire autorisé par la loi thaïlandaise) et semble être en mesure de demander la permission d'acquérir les terres dont il a hérité. Conjoint thaïlandais en vertu de l'article 93 de la loi foncière. Mais la propriété ne sera pas donnée à l'époux étranger.

La section 93 de la loi foncière, plus de 50 ans, s'applique aux étrangers qui héritent de la terre par traité (section 86 de la loi foncière) et ne s'applique pas aux étrangers qui achètent la terre pour hériter d'un conjoint thaïlandais. Actuellement non signé avec aucun pays A traité qui permet à tout étranger de posséder des terres ; par conséquent, aucun ministre de l'Intérieur ne pourra ou pourrait permettre à tout étranger de posséder des terres en Thaïlande. Notez que ce n'est que depuis 1999 que les citoyens thaïlandais mariés à des étrangers peuvent acquérir légalement des terres.

La réponse à la question "Un étranger peut hériter de la terre en Thaïlande" est oui, en tant qu'héritier légal, mais il ne peut pas enregistrer le titre foncier car il n'obtiendra pas la licence. Selon la loi en vigueur, vous devez remettre la terre à un citoyen thaïlandais dans un délai raisonnable (soit un maximum de 1 an). Si l'étranger ne dispose pas du terrain, autorisez le Directeur des Territoires à disposer du terrain et retenez une commission de 5% du prix de vente moins d'éventuelles déductions ou taxes.

Remarque : L'héritage d'une maison séparée du terrain signifie toujours avoir un intérêt dans le terrain (surface, location, droits d'utilisation).

Patrimoine locatif immobilier

Un bail ne devient pas automatiquement un héritage.

Selon la loi thaïlandaise, les héritiers du locataire n'acquièrent pas automatiquement le droit de location au décès du locataire/locataire. Les baux en Thaïlande sont régis par le chapitre "Baux immobiliers" dans le chapitre Contrats du Code civil et commercial. Les baux sont principalement des contrats et des droits personnels du locataire, pas des biens immobiliers. Cela signifie, comme confirmé par la Cour suprême de Thaïlande, que l'accord se termine à la mort du locataire parce que le locataire (locataire) qui fait partie du contrat est l'essence du contrat de location.

Le chapitre sur la location de biens immobiliers se trouve dans le Livre III du Code Civil "Contrats Spécifiques", non sous les rubriques "Propriétés" (Livre IV du Code Civil et Commercial) ou titre de biens immobiliers (comme superficie). Cela signifie, par exemple, qu'un bail en tant que contrat (ce n'est pas un bien) ne peut pas être transféré automatiquement par succession, mais seulement en tant que contrat avec acceptation formelle de l'autre partie du propriétaire.

En cas de décès du propriétaire de l'immeuble, le bail ne prend pas fin et reste en vigueur pour les héritiers du propriétaire (section 569), mais uniquement pour la location ou la location effective de l'immeuble. Autres droits contractuels dans un contrat de location qui ne sont pas considérés comme de véritables droits de location en vertu du droit des contrats thaïlandais (en vertu de l'arrêt actuel de la Cour suprême sur les options de renouvellement et la clause de succession du bail) ne seront pas transférés automatiquement au nouveau propriétaire et seront les mêmes puisque le contrat Les droits cessent avec le transfert de propriété. Le nouveau propriétaire doit accepter ces conditions contractuelles, par exemple, pour ne pas être lié par l'engagement de l'ancien propriétaire de renouveler le bail ou de céder le bail aux héritiers du locataire (des exceptions spécifiques peuvent être prévues).

Clauses de succession et héritage dans les contrats de location-vente

Afin de permettre au preneur d'hériter du contrat de location et de l'attribuer aux héritiers du preneur, le contrat de location-vente devrait comporter des dispositions spécifiques conférant des droits de succession. L'héritier qui cède ou cède le contrat de location au preneur doit enregistrer et céder le contrat de location auprès de l'Office du Territoire et nécessite donc la collaboration du propriétaire. En cas de décès prématuré du locataire, ses héritiers ont le droit d'exiger cette prestation directement du bailleur initial, si une clause de succession valable a été incluse dans le contrat de location. Dans le cas contraire, les héritiers pourraient finir par n'avoir aucun droit à la succession et le bail ou le bail sera définitivement résilié à la mort du locataire et le propriétaire pourra prendre possession de la propriété.

La clause de succession est un droit contractuel

Exemple de clause contractuelle : les parties conviennent qu'en cas de décès du locataire avant l'expiration du délai de location, le bailleur s'engage irrévocablement à accorder à la personne désignée par le locataire ou à toute personne désignée par ordre du gérant des biens de louer et d'utiliser le terrain, et le bailleur s'engage à conclure un nouveau contrat de location avec cette personne pour les mêmes termes et conditions spécifiées dans le présent contrat sans autre paiement.

Il est entendu que ladite clause successorale est considérée comme une promesse contractuelle personnelle entre les parties au bail. Ceci selon la loi thaïlandaise n'est pas considéré comme un véritable droit de location (c'est-à-dire non protégé par l'article

569 du code civil commercial). En tant que droit contractuel distinct, cette obligation ne suivra pas automatiquement la propriété lorsque la propriété est transférée pendant la période de location. Un propriétaire cessionnaire (par ex. les héritiers du propriétaire) est en effet une tierce partie de cette clause et donc non lié par une promesse de succession faite par le propriétaire précédent. En cas de non-acceptation, il n'existe en principe aucune obligation légale pour le cessionnaire de céder la durée résiduelle du bail aux héritiers du locataire. Le bail ou la location se termine à la mort du locataire, car le locataire est considéré comme un élément essentiel du contrat - à sa mort, le contrat expire. Une clause successorale n'est pas considérée comme un véritable droit de location (protégé par l'article 569), de sorte que les héritiers du locataire peuvent ne pas être en mesure de faire valoir cette clause par une action contre un successeur de la propriété.

La transmission d'entreprise et succession

Un étranger qui acquiert une unité de copropriété par succession, en tant qu'héritier légal ou héritier testamentaire, acquerra la propriété, cependant, à moins que l'étranger ne soit éligible à la propriété en vertu de l'article 19 de la loi sur la copropriété, la loi prévoit que l'étranger dispose de l'unité dans un délai d'un an à compter de la date d'acquisition. La loi sur la copropriété divise les héritiers étrangers en étrangers ayant droit (section 19/5) et les étrangers non admissibles (section 19/7).

Section 19 Sept (7) Loi sur les copropriétés: "Un étranger ou une personne morale que la loi traite comme étrangère, à l'exception de celle prescrite par l'article 19, qui a acquis une unité propriétaire par héritage comme héritier légitime ou légataire d'un testament ou autre signifie, selon le cas, informer par écrit l'officier compétent dans un délai de soixante jours à compter de la date de propriété de l'unité copropriétaire et disposer de cette unité dans un délai n'excédant pas un an à compter de la date d'acquisition de la possession. S'il n'est pas aliéné dans ce délai, les dispositions du quatrième alinéa de l'article 19 quinquies s'appliquent mutatis mutandis."

Si l'étranger ne se qualifie pas pour la propriété en vertu de la loi sur la copropriété (la grande majorité) doit disposer de l'unité dans un délai d'un an. Si l'étranger ne le fait pas, le Directeur Général du Département du Territoire a le pouvoir de vendre l'unité de copropriété au nom de l'étranger (section 19 de la loi sur l'héritage communautaire).

Résiliation du bail pour décès

Un bail est résilié à la mort du locataire car un bail en Thaïlande est essentiellement un bail et, en tant que tel, un droit contractuel personnel du locataire (tel que confirmé par la Cour suprême) et non un bien ou une propriété du locataire. En cas de décès du locataire, la durée résiduelle du bail et le bail ne seront pas automatiquement transférés aux héritiers du locataire. Si la succession n'est pas incluse dans le bail, le propriétaire du terrain/de la propriété peut interdire aux héritiers du locataire de prendre possession de la propriété car le bail est résilié et les héritiers du locataire n'ont aucun droit sur la propriété. Le bail doit comporter une clause de succession dans le contrat qui accorde la succession aux héritiers du locataire.

Il y a un différend sur le statut juridique d'une clause de succession dans le bail, en ce sens qu'il s'agit d'une simple promesse contractuelle du propriétaire partie au contrat de location ou d'un véritable droit de location qui sera automatiquement contraignant pour les tiers en cas de transfert de propriété du bien loué (par ex. en cas de décès du propriétaire). Selon cette interprétation des lois sur la location en Thaïlande, cette clause ne sera pas transférée avec la propriété conformément à l'article 569 du Code de commerce civil, car elle est considérée comme un droit contractuel. Si une clause héréditaire a été insérée, les héritiers du locataire ont le droit d'exiger l'exécution directement du bailleur originaire (art. 374 code civil et commercial), mais il se peut qu'il ne soit pas en mesure de faire valoir cette clause par une action en justice contre un successeur. Il peut être conseillé d'inclure dans le contrat de location des colocataires qui peuvent poursuivre en autonomie le contrat de location en cas de décès de l'un des locataires.

CHAPITRE 6 :
ACHAT D'APPARTEMENTS RÉSIDENTIELS

Propriété de copropriété par des étrangers

1.1 - Les ressortissants étrangers (personnes physiques et morales) peuvent avoir la propriété d'une copropriété (unité d'habitation ou appartement) en Thaïlande dans la part de propriété étrangère d'une copropriété, mais les "étrangers" qui achètent une copropriété en Thaïlande doivent être admissibles à la propriété étrangère conformément à l'article 19 de la loi thaïlandaise sur la copropriété. La pleine propriété étrangère d'un immeuble en Thaïlande signifie que :

a) pas plus de 49 % de la superficie totale de l'unité de logement dans un immeuble peut être détenu par des étrangers, les 51 % restants doivent être détenus par des personnes physiques ou morales thaïlandaises (c'est-à-dire que dans le cas de 100 unités d'habitation égales dans un immeuble en copropriété seulement 49 peuvent être la propriété étrangère).

b) lorsque la propriété étrangère est disponible, l'étranger qui achète un immeuble doit être éligible à la propriété conformément à la section 19 du Condominium Act, Cela signifie généralement que vous avez correctement apporté en Thaïlande des devises au moins égales au prix d'achat total de l'immeuble et que vous avez échangé ce montant en baht thaïlandais à l'intérieur de la Thaïlande.

1.2 - Dans le cas où la part de propriété étrangère dans un projet de copropriété est épuisée, la possession des unités de logement restantes dans la partie thaïlandaise de la copropriété peut être transférée à des étrangers dans le cadre d'un bail. Contrairement à l'achat d'un condo en Thaïlande, il n'y a pas de lois distinctes régissant les loyers des condos par des étrangers. La location donne droit à l'utilisation et à la possession de l'unité pour une durée déterminée. La location légale d'une unité de copropriété en Thaïlande est mieux décrite comme une location normale, le locataire n'obtient pas le titre de l'unité ni ne peut vendre l'unité, ni aura copropriété dans les parties communes de la copropriété, ni voter des droits à l'assemblée des copropriétaires de la personne morale en copropriété. Une fois la période fixée dans le bail expirée, le bail doit être renouvelé (le propriétaire est prêt à renouveler le bail) ou la possession de l'unité doit être restituée au vrai propriétaire. Un bail de copropriété est comme un contrat régi par la section de location de biens immobiliers du Code civil et commercial et comme la location d'un bien immobilier soumis à une "taxe de location" qui est toujours transférée au locataire dans le bail.

Achat par des étrangers d'appartements non-inscrits à la Loi sur la copropriété

Il y a deux types d'immeubles résidentiels en Thaïlande : Condominiums enregistrés et autorisés par le Département du Territoire qui offrent la propriété absolue sur les unités individuelles et condominiums non autorisés comme condominium et donc ne pas offrir la propriété individuelle sur les unités. À l'extérieur, ces bâtiments peuvent sembler identiques, mais légalement, ils ne peuvent pas être comparés. Les copropriétés enregistrées et sous licence au Département du Territoire doivent respecter la structure légale prévue par la loi sur la copropriété qui est construite autour de la propriété des unités individuelles, à la copropriété des espaces communs et à la gestion conjointe du bâtiment par tous les propriétaires des unités. Les installations des appartements non enregistrés ne sont pas réglementées par des lois de copropriété spécifiques et le promoteur d'un immeuble peut vendre la possession (pas la propriété) des unités dans le bâtiment selon ses propres termes et conditions. Il existe différentes structures contractuelles en vertu desquelles ces unités sont vendues, allant de plans de multipropriétés, de simples locations d'appartements à des locations combinées avec des actions d'une holding. Attention, ces projets d'appartements n'offrent pas la propriété individuelle des unités et les acheteurs ne trouvent pas de protection dans la loi comme dans les condominiums enregistrés. Les structures contractuelles et l'intention du promoteur devraient être vérifiées trois fois (par ex. le contenu de la structure de location, le système de gestion du bâtiment et les coûts financiers courants par le biais des contrats d'entretien et d'exploitation).

La location en Thaïlande

1.1 - La loi thaïlandaise n'a pas de lois distinctes sur la location, la location étant considérée comme un droit de propriété royal distinct des lois normales sur la location de biens. Un bail en propriété en Thaïlande est d'abord un bail régi par la section location en propriété (sections

537 à 571) du code civil et commercial. L'un des inconvénients de la loi sur la location de biens en Thaïlande est qu'un bail est un droit contractuel personnel du locataire et se résout donc automatiquement à sa mort. La loi thaïlandaise ne confère pas aux héritiers du locataire un droit automatique d'hériter de la propriété louée, et pour la même raison le locataire ne peut pas sous-louer la propriété ou céder ("vendre" la durée résiduelle du bail) sans l'autorisation du propriétaire. Un bail ne s'éteint pas à la mort du propriétaire (section 569), mais le décès du propriétaire met fin à toutes les options du bail qui sont personnelles pour le propriétaire (par exemple, l'option de renouvellement). Le décès du locataire peut entraîner la résiliation définitive du contrat de location et la mort du propriétaire ou le transfert de propriété peut conduire le locataire à conclure un contrat qui n'est que partiellement exécutable par action en justice contre le nouveau propriétaire (en tant que tiers au contrat).

1.2 - Un contrat de location en Thaïlande peut être enregistré pour une période ne dépassant pas 30 ans, à l'expiration du délai fixé enregistré, le contrat de location se termine automatiquement. Certains contrats de vente de biens immobiliers destinés à des étrangers suggèrent des termes plus longs et plus de droits que possible et applicables conformément aux lois thaïlandaises sur la location de biens. Ces contrats entre le vendeur et l'acheteur peuvent être complexes et doivent au moins séparer la propriété de la terre et incluent souvent des conditions de location supplémentaires de 30 ans et l'option dans le contrat (ou un addendum au contrat) pour transférer la terre en tant que propriété. Légalement, cela ne reste une structure contractuelle qu'entre deux ou plusieurs parties (non enregistré sur le titre de propriété foncière et uniquement en tant que contrat contraignant entre les parties). Ces structures contractuelles ne sont pas protégées par la loi thaïlandaise et pourraient être considérées comme nulles et illégales parce que les étrangers sont interdits de posséder des terres et les baux ne peuvent pas dépasser 30 ans.

Veuillez noter que conformément aux nouveaux règlements du bureau foncier (2008) les bureaux immobiliers doivent refuser l'enregistrement d'un contrat de location avec des dispositions clairement nulles ou illégales telles que le droit de l'étranger de transférer la terre à titre de propriété et des conditions de renouvellement prépayées de 30 ans. Pour cette raison, ces dispositions sont maintenant souvent faites dans un addendum séparé au contrat de location (une partie du contrat de location non enregistré auprès du bureau du cadastre), bien que le Département du Territoire considère ces ventes comme nulles ou illégales.

1.3 - Dans un développement immobilier officiel, le contenu des contrats de vente de biens avec lesquels le bien est vendu (maison ou immeuble d'habitation) doit respecter des réglementations et des lois strictes pour la protection des consommateurs. La vente de biens immobiliers dans la même propriété à des étrangers ne doit pas respecter les mêmes lois protégeant les consommateurs et le constructeur peut, en vertu de la liberté contractuelle générale, inclure diverses clauses avantageuses et même des clauses trompeuses dans le contrat de location pour générer des ventes, telles que des conditions de renouvellement du contrat de location suggérant une durée du contrat de 90 ans.

Maison en propriété séparée du terrain

1.1 Les étrangers ne peuvent pas posséder de terres mais peuvent posséder le bâtiment séparé du terrain.

Fondamentalement, il y a deux façons d'obtenir la propriété sur la maison séparée de la terre :

A - construire une maison sur un terrain loué (avec ou sans droit de superficie).

B - vous achetez une maison existante séparée du terrain et obtenez un bail de terrain. Le transfert d'un logement existant doit être effectué par écrit et enregistré auprès de l'autorité compétente (par exemple, département du territoire/succursale). Le transfert de propriété d'une maison existante commence au bureau foncier local et nécessite une annonce publique de 30 jours de la vente dans des endroits spécifiés, après quoi le transfert de propriété de la maison est complété par le bureau foncier local. Il convient de noter que la propriété d'une maison sur un terrain appartenant à quelqu'un d'autre est liée au droit d'utiliser le terrain (par exemple, le bail foncier et/ou le droit de superficie). Lorsque le droit d'utilisation des terres expire, le droit de posséder la maison sur le terrain perd également.

Tabien Baan ou livre d'enregistrement du domicile

1.2 Il existe deux types de Tabien Baan :

Le livre bleu (Thor.Ror.14) pour les citoyens thaïlandais et

Le livre jaune (Thor.Ror.13) pour les étrangers.

Un Tabien.Baan (livre de la maison), prononcé comme Tabien Baan, est le livret délivré par le gouvernement avec l'adresse exacte officielle de la maison et enregistre les personnes (thaïlandais) qui vivent dans la maison. Il pourrait indiquer le nom du propriétaire, mais en cas de propriétaire étranger pas nécessairement. Notez qu'une maison en Thaïlande (séparée de la terre) n'a pas de document de propriété officiel. Un livre de maison n'est pas un document de propriété, mais simplement un livre d'enregistrement de la maison et des résidents. La preuve de la propriété d'une structure (séparée du terrain) est généralement établie par le permis de construire en caractères thaïlandais délivré par le local Or. Bor.Tor (le cas échéant) avec le nom du propriétaire sur elle ou le contrat de vente officiel du bureau foncier en caractères thaïlandais en cas de transfert de propriété d'une maison existante.

Livre de la maison jaune ou bleu (Tabien Baan)

Qu'est-ce que Tabien Baan ?

Tabien baan ou Thai House Book est l'adresse officielle et le registre de résidence d'une maison ou d'un immeuble délivré par le gouvernement local. Il s'agit d'un acte administratif émis par la municipalité locale (Amphur). Une personne résidante ou qui réside légalement dans une maison ou une unité de copropriété est inscrite au livre de logement.

Contrairement à ce que les étrangers supposent normalement, ce document n'a rien à voir avec la propriété de la maison ou de l'appartement et ne peut pas être utilisé comme preuve de propriété. Il s'agit d'un livret délivré par la municipalité locale (non département territorial), qui fait partie de l'acte d'enregistrement officiel de l'adresse d'une maison ou d'un appartement, et a pour but pratique d'enregistrer et de certifier la résidence légale (résidence officielle) d'un individu.

Le livre de la propriété peut indiquer le nom du propriétaire, mais pas dans le cas d'un propriétaire étranger non résident (à moins qu'il ait une résidence officielle en Thaïlande).

Étant donné que le registre de la famille prouve l'adresse d'une personne, il est nécessaire lors des procédures formelles d'enregistrement, telles que lors du transfert de propriété d'une voiture ou d'une propriété, de l'ouverture d'un compte bancaire ou de la demande d'une nouvelle connexion électrique ou téléphonique, et pour les Thaïlandais de voter dans les bulletins de vote. Circonscription. Comme les étrangers ne s'enregistrent généralement pas en Thaïlande une librairie étrangère en possession d'un visa pour non-immigrants pour combler le Tabien baan bleu avec son passeport.

Si l'étranger possède une maison (séparée du terrain) ou un immeuble, le livre bleu de la maison est généralement vide à moins qu'il n'ait un citoyen thaïlandais vivant avec lui et ait une résidence permanente à cette adresse.

Application pour le livre du domicile

Les livres de logement peuvent être émis pour les maisons, les appartements (enregistrés ou non enregistrés en vertu de la loi sur l'immeuble). Le livre intérieur officiel pour les Thaïlandais est le livre bleu et pour les résidents étrangers le livre jaune. Le Livre bleu est émis en tant que norme, mais pour les étrangers, si l'étranger répond à certains critères, le Livre jaune peut être échangé. En plus du formulaire de demande, les documents nécessaires pour échanger un livre bleu contre une maison ou un appartement complété par un livre jaune comprennent : (La liste ci-dessous est une liste d'exemples de documents qui pourraient être requis lors de la demande du livre jaune, mais gardez à l'esprit que chaque bureau régional d'Amphur a ses propres exigences, alors assurez-vous de vérifier d'abord avec eux quels documents ils ont besoin) ;

Un visa pour les non-immigrés.

Copie du passeport avec traduction (officielle).

Permis de travail.

Certificat de mariage.

Acte de propriété de l'unité d'appartement (unité d'habitation).

Documents relatifs à la terre et droit d'utilisation et de possession de la terre (consentement propriétaire foncier).

La vente officielle du cadastre d'un document de structure.

Permis de construire.

Un Tabien baan bleu ou jaune n'est pas un document important pour les étrangers, la plupart des étrangers qui possèdent un immeuble ou une maison (séparée de la terre) tiendra un registre bleu (vide) au lieu d'un registre jaune. Les étrangers ont une valeur juridique très limitée et il n'y a généralement pas besoin ou obligation d'échanger un Tabien baan bleu avec un Tabien baan jaune. Le Livre Jaune n'accorde pas de droits supplémentaires. Cependant, les étrangers qui sont mariés à des citoyens thaïlandais vivant en Thaïlande devraient écrire leurs noms sur le livre du mariage et de la famille. Pour les Thaïlandais, la fonction principale du livre de la maison est d'indiquer leur résidence légale (résidence permanente).

Propriété immobilière d'un Thaïlandais marié à un étranger

Les étrangers mariés à un citoyen thaïlandais ne peuvent pas posséder de terres en Thaïlande et ne peuvent pas avoir un intérêt de propriété dans des terres telles que la propriété conjugale ou la propriété conjugale entre mari et femme. Le département du territoire permet à un citoyen thaïlandais marié à un étranger de posséder un terrain en tant que propriété personnelle après une déclaration conjointe avec le conjoint étranger que l'argent dépensé pour le terrain est la propriété personnelle du conjoint thaïlandais. Cela signifie que la terre (et en pratique souvent la terre et la maison et dans certains cas la copropriété) est achetée et enregistrée comme propriété personnelle du conjoint thaïlandais et ne deviendra donc pas une propriété détenue et gérée conjointement par le mari et la femme (Sin Somros). La confirmation dans la lettre de certification est basée sur le principe de l'article 1472 du Code civil et commercial que si la propriété personnelle a été échangée avec d'autres propriétés (dans ce cas, la terre) cette propriété sera une propriété personnelle. Le conjoint étranger n'a pas de droits de propriété directe sur ces biens en vertu des lois de la famille thaïlandaise régissant la propriété entre le mari et la femme. Le conjoint thaïlandais semblera être le seul propriétaire et gestionnaire de la terre et, en tant que bien personnel, il ne l'est pas automatiquement (selon les lois sur le divorce) partie de la division des biens lorsque les mariages se terminent.

Achat d'une propriété par un Thaïlandais qui est marié à un étranger

Lorsqu'un citoyen thaïlandais marié à un étranger demande l'enregistrement de la propriété d'un terrain en

Thaïlande, le département du territoire doit s'assurer que le terrain devient un bien personnel (non conjugal) du conjoint thaïlandais uniquement. Le Land Department demande au conjoint étranger et thaïlandais une déclaration commune que l'argent dépensé pour la terre (ou terre et maison) appartient aux biens personnels du conjoint thaïlandais, et donc (selon les lois thaïlandaises régissant la propriété des conjoints) restent un bien personnel (non conjugal) du conjoint thaïlandais après l'achat (conformément à l'article 1472 du code civil et commercial).

La procédure de l'Office foncier ci-dessus est nécessaire parce que les étrangers selon les lois foncières thaïlandaises ne sont pas autorisés à posséder des terres, même en tant que propriété commune du mari et de la femme. Cela signifie que le conjoint étranger n'a pas de droits de propriété sur la terre et que la propriété n'est pas automatiquement soumise à la division des biens conjugaux lorsque le mariage prend fin.

Héritage foncier d'un conjoint étranger en tant qu'héritier légal

En théorie, un étranger peut acquérir un terrain en tant qu'héritier légal (contrairement aux légataires ou héritiers qui ont droit en dernier ressort) et enregistrer sa propriété après avoir obtenu l'autorisation du ministre de l'Intérieur.

Section 93 du Land Code Act : Un étranger qui acquiert un terrain par héritage en tant qu'héritier légal peut avoir une propriété sur ce terrain sur une autorisation du ministre de l'Intérieur. Cependant, le total des parcelles ne doit pas dépasser celles spécifiées à la section 87.

Il convient de noter que l'article 93, âgé de plus de 55 ans, s'applique uniquement à la propriété étrangère de terres en vertu d'un traité (86 Land Code Act) et NON aux étrangers qui reçoivent des terres en tant qu'héritier légal d'un conjoint thaïlandais. Le dernier traité permettant aux étrangers de posséder des terres en Thaïlande a été résilié en 1970, il n'y a donc actuellement aucune base légale pour le ministre de l'Intérieur pour permettre à tout étranger d'acquérir des terres en Thaïlande en tant qu'héritier légal.

Cela signifie en pratique que tout conjoint étranger qui acquiert un terrain en tant qu'héritier légal doit transférer le terrain dans un délai d'un an à un citoyen thaïlandais. La renonciation ne s'applique qu'aux étrangers qui héritent de la terre en tant qu'héritier légal et non aux héritiers étrangers qui acquièrent la terre par testament.

Accords entre mari et femme en Thaïlande

Selon les lois sur le mariage thaïlandais, tout accord entre mari et femme conclu pendant le mariage peut être annulé par les deux à tout moment pendant le mariage ou dans l'année suivant le divorce définitif. Pour cette raison, seul un contrat prénuptial entre mari et femme est en vertu de la loi thaïlandaise un contrat valide s'il est fait avant le mariage et enregistré dans le registre matrimonial au moment du mariage, mais est un contrat nul s'il est fait après le mariage (section 1466).

Ce n'est pas typique de la Thaïlande et dans de nombreuses juridictions du monde entier, il existe une liberté limitée entre les conjoints de conclure des accords concernant leurs biens personnels ou leur relation au cours du mariage. Parfois, il y a des restrictions spécifiques dans la loi (par exemple, des restrictions sur les contrats de travail entre mari et femme) ou en général, les accords entre époux sont valides mais peuvent être annulés en raison d'une influence indue (si l'autre époux a conclu un tel contrat et sur ces termes et conditions s'il ou elle n'était pas leur conjoint à ce moment-là ?). Un contrat entre époux conclu au cours du mariage qui profiterait à une partie plus que l'autre pourrait être annulé sur la base de la présomption d'influence indue (influence indue effective contraire).

CHAPITRE 7 :
USUFRUIT - SUPERFICIE - LOCATION - ESCLAVAGE

Usufruit

Par contrat d'usufruit, on entend le contrat et le droit d'utiliser ou d'occuper un bien immobilier d'autrui pour une durée pouvant aller jusqu'à 30 ans mais n'excédant pas la vie du titulaire du droit d'usufruit. Un droit d'usufruit en Thaïlande confère le droit d'utiliser et de gérer un bien immobilier pendant la vie naturelle d'une personne. Le droit à la propriété immobilière existe tant que l'usufruitier (le titulaire du droit d'usufruit) est en vie. Après sa mort, la propriété revient au propriétaire. On donne souvent l'usufruit à un membre de la famille comme un conjoint étranger avec l'idée que le conjoint étranger est protégé en cas de décès du conjoint thaïlandais (propriétaire).

Un usufruitier n'est pas autorisé à vendre la propriété (ce droit reste au propriétaire enregistré de la propriété) et conformément aux articles 1417 à 1428 du Code civil et commercial, l'usufruitier a l'obligation de conserver la propriété et de prendre soin de la propriété. Si l'usufruitier omet de le faire et que la propriété perd de la valeur ou est mal entretenue, le propriétaire peut résilier le droit d'usufruit. L'usufruitier est responsable de la perte de valeur ou de la destruction du bien, à moins qu'il ne prouve que les dommages ne soient pas causés par sa faute. La création d'un usufruit pourrait dans certaines circonstances être une option efficace pour protéger un conjoint étranger pendant son mariage en Thaïlande et au décès du conjoint thaïlandais ; cependant, dans certains cas, l'usufruit n'est pas la meilleure option.

Superficie

Le droit de superficie (sections 1410 à 1416 du Code civil et commercial thaïlandais) en Thaïlande est un droit immobilier de droit civil. Un droit de superficie séparait légalement la propriété sur la terre de n'importe quoi sur la terre. Le droit de superficie doit être enregistré sur l'acte de propriété foncière être complet et exécutoire. Une superficie peut être enregistrée en tant que droit distinct ou droit de soutien (c'est-à-dire en combinaison avec un bail foncier). La personne dans le contrat à laquelle le droit de superficie est accordé obtient la propriété du bâtiment qu'elle construit sur le terrain sans obtenir ou avoir des droits de propriété sur le terrain. L'enregistrement d'un droit de superficie sera autorisé avant la construction ou pendant la construction d'un bâtiment, mais un bâtiment existant nécessite d'abord le transfert de propriété (et le paiement des frais de transfert).

Contrats : Le droit de superficie

Le droit de superficie en Thaïlande est copié par les lois immobilières de droit civil de l'Europe continentale. Le principe du droit de superficie est le même dans ces pays ; il donne au surfacturent (c'est-à-dire au titulaire du droit de superficie) le droit enregistré d'utiliser le terrain et de posséder des bâtiments, des structures ou des plantations sur des terres appartenant à une autre personne.

Ce droit enregistré d'utiliser les terres d'autrui pour la construction peut être accordé :

1) Pour une <u>période allant jusqu'à 30 ans</u>
2) <u>*Pour la vie du propriétaire de la terre*</u>
3) <u>*Pour la vie du superficiel*</u>

Le droit de superficie doit être enregistré au bureau foncier local pour séparer la propriété des bâtiments ou des structures de la terre.

Normalement, le droit de surface est utilisé (par exemple, par un étranger) qui veut construire la maison sur un terrain qui ne lui appartient pas. Un droit de superficie enregistré est certainement celui qui protège le plus l'étranger, contrairement au contrat de location classique, car il ne risque pas de perdre le droit comme cela peut arriver avec le bail (à sa mort), mais le droit de superficie reste en vigueur et peut être transféré aux héritiers.

Surface sur bâtiment existant

Dans le cas d'un bâtiment existant, l'enregistrement d'un droit de superficie ne sera pas approuvé par le Département du Territoire. L'inscription peut être autorisée après le transfert de propriété de l'établissement séparé du terrain et après le paiement des taxes et frais de transfert (à moins que la personne à laquelle le droit de superficie est accordé ne puisse prouver qu'elle est déjà propriétaire de la maison).

Les logements

Le droit au logement (sections 1402 à 1409 du droit civil et commercial thaïlandais) se réfère au droit d'une personne de vivre gratuitement dans la maison d'un autre. Le droit de séjour diffère d'un contrat d'usufruit qui permet au titulaire de l'usufruit de transférer l'exercice de ses droits à un tiers (et non l'usufruit effectif), lorsque le droit de séjour ne permet que l'utilisation d'un bien immobilier pour la résidence du bénéficiaire et du ménage. Un contrat d'habitation fait référence au droit d'habitation dans une maison. Le droit d'habitation est accordé à titre gratuit, sinon la chose deviendrait "location". Un droit d'habitation peut être créé par volonté en Thaïlande (le propriétaire accorde le droit d'habitation dans son testament ou testament) ou par cadeau du propriétaire à des tiers.

Exemple de contrat de logement thaïlandais

Le droit au logement selon les lois civiles et commerciales de la Thaïlande se réfère au droit enregistré sur l'acte de propriété d'une personne de vivre gratuitement dans la maison d'un autre. Le droit de séjour diffère d'un contrat d'usufruit qui permet au titulaire de transférer ses droits à un tiers, alors que le droit de séjour ne donne droit qu'à l'utilisation d'un immeuble pour la résidence de la personne et de la famille. Contrairement au leasing, vous ne payez ni loyer ni contrepartie, lorsque vous payez le loyer, la question devient location.

Dans le cas où le contrat est accordé pour une période de temps spécifique, la loi stipule que cette période ne peut pas dépasser 30 ans ; si une période plus longue est fixée, il n'est applicable que pour 30 ans, et peut être renouvelé pour une période n'excédant pas trente ans à compter du renouvellement. Enfin, le droit au logement n'est pas transférable en héritage.

Un contrat d'habitation fait référence au droit d'habitation dans une maison.

Esclavage

La servitude est en partie l'équivalent légal thaïlandais d'une servitude anglaise. Il s'agit d'un intérêt non possédé sur terre. La servitude est régie par les sections 1387 à 1401 du Code civil et commercial. Section 1387 : Un bien immobilier peut être soumis à une servitude en vertu de laquelle le propriétaire de ce bien est tenu, au bénéfice d'un autre bien immeuble, de subir certains actes portant atteinte à sa propriété ou de s'abstenir d'exercer certains droits inhérents à sa propriété. La servitude implique généralement deux ou plusieurs propriétés/parcelles de terrain séparées, dont l'une est chargée et l'autre a bénéficié de la servitude. Le paquet chargé est appelé propriété servile et le paquet bénéficie propriété dominante. Les servitudes peuvent comporter différents types d'avantages et de charges, mais impliquent généralement l'utilisation du puits à proximité, l'utilisation d'une route d'accès sur des terrains adjacents, la pose de canaux d'irrigation, la pose de canalisations ou de services publics sur des terrains limitrophes. Un droit de servitude enregistré est un droit important lorsqu'une parcelle de terrain est entourée d'autres parcelles sans accès direct à une voie publique. Dans ce cas, un droit de servitude enregistré sur des parcelles contiguës garantit un accès ininterrompu à la propriété dominante.

TITRES DU TERRAIN - TRANSFERT

La partie la plus importante de tout investissement immobilier est l'acte de propriété foncière. Le terrain a un acte de propriété approprié et légalement délivré. L'acte de propriété foncière est le document officiel administré par le Département du Territoire qui affirme et démontre le droit légal d'une personne à posséder ou posséder un terrain, son état d'expertise, ainsi que les droits, obligations ou hypothèques sur la propriété. Le seul titre foncier viable pour les investissements, qu'il soit détenu par une société, par un citoyen thaïlandais ou par bail, est d'abord le titre de propriété foncière Chanote (NS4.J) suivi par le Nor Sor Sam Gor (NS4.G). Moins attrayant est le Nor Sor Sam (NS3) puisque ce titre de terre n'est pas (encore) soigneusement détecté et la zone doit être confirmée avec la terre voisine. Ce terrain ne peut être vendu qu'avec un préavis de 30 jours dans lequel il n'est pas rare que des différends frontaliers ou immobiliers soient soulevés. Ce type de terrain peut être mis à niveau vers Nor.Sor. 3. Gor ou Chanote.

Aperçu de tous les titres émis par le département du territoire thaïlandais Sor Kor Nung (SK 1), Nor. Sor. Chanson (NS 2), Nor. Sor. Sam (NS 3), Nor. Sor. 3 Gor (NS 3 G.), Nor. Sor. 3 Khor (NS 3 K.), Nor. Sor. 5 (NS 5), Né. Sor. 4 Jor (NS 4 J.) ou titre de propriété Chanote. Titres fonciers délivrés par d'autres départements gouvernementaux Sor. Por. Gor. 4-01 (SPG 4-01), Sor. Tor. Gor. (STG), Por. Bor. Tor. 5 (PBT 5), n. Cor. 3 (NK 3), Gor. Sor. Né. 5 (GSN 5)

Conclusion

J'espère que vous avez bien compris que le livre que vous lisez est un guide pratique dont le seul but est de fournir les informations dont vous avez besoin pour évaluer vos investissements.

Si vous voulez vraiment évaluer l'investissement immobilier en Thaïlande, ce livre est utile pour obtenir des informations précieuses et rares.

Si vous voulez vraiment investir dans le marché immobilier thaïlandais, ce livre est pour vous, un guide pratique qui explique étape par étape la législation, les procédures, le transfert de propriété, le droit d'achat, les différences et la propriété foncière et ses différences.

Si ce livre vous a stimulé et souhaitez aller vers un investissement , nous sommes à votre disposition.

Comment évaluer son rendement ?

Les rendements obtenus en 2022 ont une moyenne de 7%. Notre agence se distinguent par l'offre d'appartements à rendement passif. Cela indique que vous devenez propriétaire d'un bien géré par une société de management. Cette société doit être évaluée et choisie en fonction de ses caractéristiques, son historique et sa capacité financière à payer les rendements. Je ne saurais vous conseiller donc de passer par un professionnel comme la SP ASIA CO LTD ou un autre partenaire immobilier certifié pour vous accompagner dans :

- Choix du bien
- Localisation
- Modalités de paiement
- Choix du constructeur
- Capacité financière de la société de management
- Durée du contrat de location
- Rendement net garanti
- Les charges de co-propriété
- Période annuelle sur laquelle vous pouvez bénéficiez vous-même du bien
- Termes du buy-back (rachat du bien par la société de management à un prix déterminé à l'avance)
- Les éventuels successeurs

Nous pouvons également fournir l'assistance du projet de A à Z dans votre langue maternelle ainsi que l'accompagnement d'un avocat local

Je vous rappelle que si vous voulez me contacter, vous pouvez le faire en visitant mon site ou en m'ajoutant sur LinkedIn.

Mon site Web : https://www.spasiare.com

Mon adresse mail : spasiacoltd@gmail.com

LinkedIn :

https://www.linkedin.com/in/patrick-spinogatti-23576124/

J'aimerais avoir vos commentaires et savoir si vous avez aimé le livre, surtout si cela vous aidera à mieux comprendre le marché de l'investissement immobilier en Thaïlande.

Merci d'avoir lu ce livre.

Patrick Spinogatti

Printed in France by Amazon
Brétigny-sur-Orge, FR